本·真

区域活动中
幼儿深度学习的理论研究

王玉菊　冯薇　主编

哈尔滨出版社
HARBIN PUBLISHING HOUSE

图书在版编目（CIP）数据

本·真. 区域活动中幼儿深度学习的理论研究 / 王玉菊, 冯薇主编. -- 哈尔滨：哈尔滨出版社, 2024.4
ISBN 978-7-5484-7904-8

Ⅰ. ①本… Ⅱ. ①王… ②冯… Ⅲ. ①学前教育—教学研究 Ⅳ. ①G612

中国国家版本馆CIP数据核字(2024)第091243号

书　　名：**本·真.　区域活动中幼儿深度学习的理论研究**
BEN·ZHEN.　QUYU HUODONGZHONG YOUER SHENDU XUEXI DE LILUNYANJIU

作　　者：王玉菊　冯　薇　主编
责任编辑：李金秋
装帧设计：百悦兰荼

出版发行：哈尔滨出版社（Harbin Publishing House）
社　　址：哈尔滨市香坊区泰山路82-9号　　邮编：150090
经　　销：全国新华书店
印　　刷：廊坊市海涛印刷有限公司
网　　址：www.hrbcbs.com
E-mail：hrbcbs@yeah.net
编辑版权热线：（0451）87900271　87900272
销售热线：（0451）87900202　87900203

开　　本：787mm×1092mm　　1/16　印张：22　字数：244千字
版　　次：2024年4月第1版
印　　次：2024年4月第1次印刷
书　　号：ISBN 978-7-5484-7904-8
定　　价：98.00元（全二册）

凡购本社图书发现印装错误，请与本社印制部联系调换。
服务热线：（0451）87900279

编委会

前　言

在教育理念不断改革与发展中，深度学习理念逐渐进入学前教育领域，深度学习旨在培养幼儿能用整合、迁移、建构等学习方式解决实际问题，进而促进思维的进阶发展。更加契合学前倡导的"重视幼儿的学习过程"这一方向，能有效帮助教师解决从关注"学什么"到"怎么学"的理念转变。

我园在北京市教育规划课题《区域活动中幼儿深度学习的支持策略研究》的引领下，结合园本"本·真"悦课程的建设，带领全园教师开展了为期三年的专题研究。研究中我们深入学习深度学习理念，对接我园区域活动实际，将理论转化为适用于幼儿园保教实践的具体策略，形成适用于幼儿园区域活动的深度学习价值体系。

本套书分为理论篇、实践篇两册。《本·真——区域活动中幼儿深度学习的理论研究》从园所"本·真"文化视域下的深度学习研究、区域活动中幼儿深度学习的基本问题、区域活动中幼儿深度学习的现状分析、区域活动中幼儿深度学习的教师支持策略、区域活动中幼儿深度学习的效果、区域活动中幼儿深度学习的研究助力六个章节，梳理我们对深度学习的认识、反思与做法，形成了幼儿园区域活动中的幼儿深度学习教师支持策略理论体系。在支持教师、幼儿共同发展的同时，希望能给予同行们一些借鉴。

《本·真——区域活动中幼儿深度学习的实践研究》收录了我园区

域活动中幼儿深度学习教师支持策略的案例，是对《本·真——区域活动中幼儿深度学习的理论研究》一书的实践阐释。实践篇中按照幼儿自主游戏轨迹梳理案例，将幼儿游戏过程中的具有深度学习典型特征的片段重点提取，通过实录与分析向读者展示幼儿深度学习的行为与特征，通过"教师反思"梳理支持幼儿深度学习的核心策略，全面呈现了"深度学习"理念下的幼儿学习与教师支持。

本套书是《区域活动中幼儿深度学习的支持策略研究》成果的具体展现，成稿凝聚了全园集体的智慧。在此笔者对参与研究的所有干部、教师表示真切的敬意！同时感谢北京市名园长培养项目；北京市新时代名师培养项目；北京市通州区教育委员会学前科；通州区教师研修中心科研部、学前部的领导、专家、老师，感谢你们给予我们的鼓励和专业支持，使我们的成果有了完整和理想的呈现。

三年的探索与研究帮助我们将深度学习理念贯穿园本课程的组织与实施中，形成了适用于我园实际、适用于教师专业水平、适用于幼儿发展且独特的课程实施策略。成果的精炼将鼓励我们继续扎扎实实埋头实践，继续努力探寻哺育乐群自信、乐求真知、乐见灵动的"三乐"儿童的有效途径。

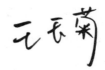

北京市通州区临河里幼儿园书记、园长

2023.11.30

序 言

深度学习的概念最早源于人工智能领域，核心是对人脑深层思维、深层次学习的模拟，通过模拟人脑的深层次抽象认知过程，实现计算机对数据的复杂运算和优化。之后随着脑科学、人工智能的快速发展，"深度学习"引起了教育学者的广泛重视。目前，比较公认的教育领域的深度学习是由来自瑞典歌特堡大学的马顿（Marton）和萨乔（Saljo,R）提出的，他们于1976年让两组学生阅读相同的文本内容，以揭示他们处理特定学习任务时的差异。研究结果显示，学生在处理信息时，存在浅层加工和深度加工两种完全不同的加工水平。随后两位学者联合发表了《学习的本质区别：结果和过程》，提出了"深度学习"的概念，指出深度学习是一个知识的迁移过程，有助于学习者提高解决问题并做出决策的能力。此后，许多学者就深度学习展开研究与探讨。

国内较早介绍深度学习的是教育技术领域的学者，比如黎加厚（2005）等人认为深度学习是在理解的基础上，学习者能够批判地学习新思想和事实，并将它们融入原有的认知结构中，能够在众多思想间进行联系，并能够将已有的知识迁移到新的情境中，做出决策和解决问题的学习。之后的张浩、吴秀娟、祝智庭等人都对于深度学习的具体内涵进行了进一步解释，强调"理解""批判""知识联系""问题解决"，侧重从知识建构与迁移运用等具体微观的学习过程的角度来看待深度学习。教育学学者郭华（2018）则从宏观的角度提出深度学习是落实立德树人、发展核心素养的重要途径，深度学习是在教师引领下，学生围绕着具有挑战性的学习主题，全身心积极参与、体验成功、获得发展的有意义的学习过程。

学前教育领域的深度学习最早由北京师范大学冯晓霞教授于2016年在中国学前教育研究学术年会上提出，其所做报告——《区域游戏中的深度学习》，首次将"深度学习"概念引入到学前教育的视野，指出深度学习是学习者以高阶思维和实际问题的解决为目标，以整合的知识为内容，积极主动地、批判性地学习新的知识和思想，并将它们融入到原有的认知结构中，且能将已有的知识迁移到新情境当中的一种学习。深度学习的提出让广大幼教工作者开始重新反思自身园所教育实践、园所课程建设过程中存在的问题，其中一个典型问题是各种主题活动组织得轰轰烈烈，但往往是横向的"拼盘"式的活动，幼儿在其中的学习多为浅尝辄止的浅表学习，缺乏纵向深入递进的深层次学习。而如果教师在活动组织的过程中能够给予幼儿更多的观察、分析以及有效的互动和支持，那么幼儿的学习是完全可以实现从浅层向深层的递进。在这样的背景下，广大实践工作者开始积极关注幼儿的深度学习，尝试相关理论研究与实践探索。北京市通州区临河里幼儿园关于区域活动中幼儿深度学习与教师支持策略的实践探索，就是其中的一个典型代表。幼儿园基于园所现状、幼儿发展需求，积极探讨如何在区域活动中有效激发幼儿的深度学习，教师如何有效支撑幼儿的深度学习，在深度学习的理论思考与实践研究方面做出了卓有成效的探索。

幼儿园首先构建了"本·真"园所特色文化与"悦"课程体系。指出教育应首先从人本、人性、人文三个角度出发，凸显教育对象即儿童本来的样子；同时强调在教育过程中做"真儿童"，遵循幼儿身心发展规律，尊重幼儿的年龄特点和学习特点，让孩子成为孩子；在教育过程中做"真教育"，强调保教并重，寓教于乐，实施科学的保育和教育，主张"生活即教育"。"本""真"结合，即构成幼儿园"本·真"园所文化特色——尊重幼儿生命的本态，遵循生命的发展规律，将幼儿作为教育的出发点与归宿。在园所"本·真"文化视域下，幼儿园进一步构建"悦"课程体系，即以"五悦"（悦读、悦动、悦行、悦思、悦美）为课程主线，构建基于五大领域的生活化、游戏化课程内容体系，培养"三乐"儿童即乐群自信、乐求真知、乐见灵动的儿童。

"本·真"文化和"悦"课程体系建设为幼儿园探讨深度学习积淀了丰厚的文化基础和课程实践基础。幼儿园综合运用多种方法，分析阅读大量文献，全面梳理了幼儿深度学习的基本理论问题，并在园所小、中、大各个年龄班开展全方位、持续性的深度学习实践探索，形成了较为丰厚的研究成果。本书即是幼儿园研究成果的集中体现。书中全面、详细地阐述了幼儿深度学习的基本问题，明确提出幼儿深度学习的基本概念，凝练了幼儿深度学习的典型特征，分析了当前园所幼儿深度学习及教师支持的基本现状，总结梳理了幼儿深度学习的教师支持策略，并考察了开展深度学习对幼儿个体发展的促进效果、对教师专业发展及园所保教质量提升的重要促进作用。整体书稿内容研究基础扎实、案例翔实，理论框架明晰，分析思路清晰，书中提出的诸多观点，都为广大学前教育工作者提供了重要的理论参考与实践借鉴。

于开莲

于首都师范大学学前教育学院

2023 年 12 月 10 日

目 录

第一章

幼儿园"本·真"文化视域下的深度学习研究

临河里幼儿园始建于 2012 年 7 月，2013 年 9 月正式开园，隶属于北京市通州区教育委员会。幼儿园所在华业东方玫瑰小区共有业主 7258户。园所一园两址，小班部可容纳 12 个教学班；中大班部可容纳 15 个教学班。

幼儿园开园前五年，完成了园所管理、制度规范等基础工作；2018年，园所班级设置、教师队伍增量趋于稳定；2021 年 3 月，幼儿园中大班部开园，正式结束"一室两班"状态，幼儿一日活动及园所日常工作回归正常，幼儿园发展的中心工作从"安全、稳定"逐步过渡到"以人为本"，"本·真"教育文化理念越发清晰。

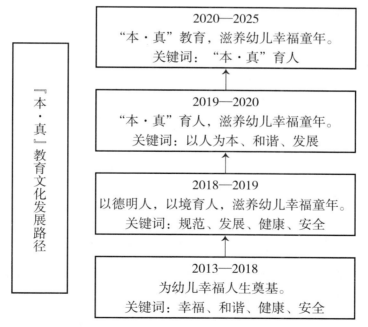

步入"十四五"，"公益、普惠、多元、优质"的副中心学前教育特征逐步显现；园所周边环球影城、张家湾国际设计小镇的开放，使更

多国际文化元素涌入；计划生育政策的变化，周边居民入园需求进一步加大。教育发展及区域文化、教育的多元需求，需要办园方向更加清晰，文化构建更加科学，课程构建更加多元，园所品质及教师专业水平进一步提升。

一、基于园所发展之"本"，形成"本·真"文化体系

"本"，指根本、起点、基础，"君子务本，本立而道生"；"真"既指真实的生活，生活中的规律、真理，又指幼儿的天性、本性，真性情。"本""真"核心内容：我们认为，真儿童与真教育，是"本""真"的核心内容。

（一）关于"本"

儿童身心发展规律、人之初，性本善、"归于自然"的自然主义教育理念，从人本、人性、人文三个角度，凸显了教育对象，即儿童本来的样子；而立德树人、关注个别差异，促进每个幼儿富有个性的发展，则是教育本来的样子。

（二）关于"真"

教育过程中做真儿童：遵循幼儿身心发展规律，尊重幼儿的年龄特点和学习特点，"让孩子成为孩子"；教育过程中做"真教育"：保教并重，寓教于乐，实施科学的保育和教育，"生活即教育"。

"本·真"，即尊重幼儿生命的本态，遵循生命的发展规律，将幼儿作为教育的出发点与归宿。立本与求真是相辅相成的，立本是求真的

起点，求真是为了立本，也只有注重立本，方可更好地求真。

"本·真"融合了中华优秀传统教育文化、"生活即教育"及自然教育理论内涵，充分表达了我们的教育初心与教育情怀。

（三）"本·真"精神文化内核

1. 办园理念

在"文化育人、释放天性、本真生长"办园思想引领下，临幼"本·真"教育文化体系主体突出、发展性明显。

2. 办园宗旨

办园宗旨中"从爱出发"是教育基点，"呵护童心"强调尊重幼儿天性、本性与兴趣、需求，"厚德养正"突出教育的目标与方向，引导幼儿在人与自我、人与自然、人与社会的交往中，敦厚德性、涵养德行，系好人生第一粒扣子。立足幼儿生活，突出"立德树人"的根本任务与教育本质。

3. 办园理念

"本·真"教育，滋养幼儿幸福童年，注重教育过程与教育追求，更着眼于教育的整体与全过程，将生命感、价值感"唤醒"，呈现生命样态、体验幸福成长，用文化滋养童年。

4. 办园目标

"十四五"期间，建成具有"本·真"教育文化底蕴、深度育人活力、课程丰富、师生幸福，且在副中心享有盛誉的高品质幼儿园。

办园目标立足园所实际及发展愿景，明确了创建时间、重要发展领域及发展程度，目标性更强。

5. 育人目标

"乐群自信、乐求真知、乐见灵动"育人目标，遵循幼儿身心发展规律，尊重幼儿的年龄特点和学习特点，"三乐"之间彼此独立又互为支持，呈发展递进态势；激发幼儿天性、悟性、灵性，乐求真知、启慧端蒙。

6. 办园方略

为落实办园目标，制定了"以培养'三乐'儿童为目标，以'本·真'教育文化为底蕴，培根铸魂，激发课程活力，优化管理模式，加强师资培训，探索园所文化与办园效益互促双提的内涵发展道路。"的办园方略，明确思路与措施。

7. 园训

"人为本、求真知、做真人"的园训，指出了全园教职工共同的价值观，增加了"本·真"教育文化的辨识度。

8. 战略目标

"品质临幼""文化临幼""幸福临幼"，指向临幼"本·真"教育文化创建工作的核心期望、成果，更为我园未来几年的文化创建工作提出了依据。

"本·真"教育文化，继承了我国优秀传统教育文化的精华，代表了我园的教育观：立足根本，尊重生命本态，在生活中实施教育，支持幼儿在教育中学会生活，实现生命的生长（道德、情感、技能、知识）；更蕴含着我园从无到有、从弱到强的发展历程与愿景，凸显了以人为本的管理观与发展观。

二、基于幼儿生命之"本"，建构"本·真"悦课程

一个园所的价值观，决定着它的行为方式和物质形态。"本·真"教育文化体系包含精神文化、行为文化、物质文化、制度文化。精神文化为整个体系的先导、核心，四类文化相互衔接、彼此关联，动态发展。在"本·真"教育文化创建中，秉承三个原则：

1.教育性原则：立足园所实际，根据时代特点和师幼发展需要，发挥园所文化建设的育人功能，建立幼儿快乐的"原体验"，追求幼儿园教育的自然与无痕，使教育与生活一体化。

2.发展性原则：以文化建设为核心，对幼儿园进行整体规划和设计，激发园所中环境、课程、教师、管理等各个要素的活力与张力，实现可持续发展，形成临幼独有的价值追求、教育基调和工作氛围，逐步打造"本·真"理念引领下的高品质管理模式和课程体系。

3.创造性原则：沿着"积累与传承，创新与发展"的创建路径，充分挖掘园所自身、社区及社会文化发展点，不断创新课程建设途径和方法，丰富课程内容和形式，体现浓厚的"本·真"教育文化底蕴和特色。

"悦"，一方面表现出幼儿内在的真性情，即率真、天真；另一方面，也表现出孩子外显的本性、本能、本质，从内到外，双方面的身心愉悦、身心健康、身心和谐。体现了"尊重幼儿生命本态，遵循生命发展规律，将幼儿作为教育的出发点与归宿"的"本·真"教育理念，源

于"本·真"，归于"本·真"，深植"本·真"。

（一）"本·真"悦课程理论基点

1. 人性之"悦"

《中庸》开宗明义，提出"性""道""教"："天命之谓性，率性之谓道，修道之谓教。"现代教育理论认为："做人"是教育最起码的任务，教育是一种适应和改变，教育的目的在培养做人的态度，养成优良的习惯，发现内在的兴趣，获得求知的方法，培养人的基本技能。"

2. 人本之"悦"

"以人为本"是人本主义心理学的宗旨，主张"自我实现"，强调不要以成人的眼光看待儿童的世界，应帮助儿童认识自己，成为自己，要充分建立人与自我、人与自然、人与社会的交往，"立本求真"让孩子成为孩子，释放天性，自由、自主、自发地成长。

3. 人文之"悦"

人文主义以人为中心，肯定人的价值。陈鹤琴先生的活教育思想认为："儿童本来就不是'小大人'，而是有其独特的生理、心理特点的。"

"本·真"悦课程立足于我园"'本·真'育人，滋养幼儿幸福童年"的办园理念，基于五大领域，以"五悦"（悦读、悦动、悦行、悦思、悦美）为课程主线，各领域、目标之间相互渗透整合，立足于幼儿的年龄及发展特点开展活动。

（二）"本·真"悦课程的培养目标

"本·真"悦课程的培养目标即：培养"三乐"儿童。乐群自信、乐求真知、乐见灵动。

"三乐"目标体系中，各目标之间呈横、纵递进态势。同年龄班目标间建立三个作用点，"起点"是基础，"支点"是衔接与支撑，"落点"是前两个目标的发展指向与能力水平的综合表现，三点之间逐级递进，依次提升，三点汇聚，实现年龄班总目标。

课程培养目标，遵循幼儿身心发展规律，尊重幼儿的年龄特点和学习特点，关注个别差异，注重教育过程，激发幼儿天性、悟性、灵性，启慧端蒙。

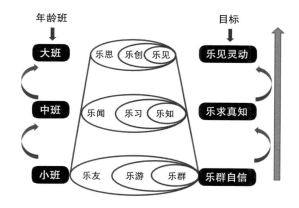

（三）"本·真"课程的内容与实施途径

以"五悦"（悦读、悦动、悦行、悦思、悦美）为课程主线，构建基于五大领域的生活化、游戏化课程内容体系。

以风车形象呈现课程内容，一是"五悦"特征的体现，五叶形同色不同，相互独立又彼此交错，体现领域间的独立与交融；同时，将"悦读"即语言领域，作为"五悦"课程内容的引领和维系，兴于诗、立于礼、成于乐。

二是风车形象来源于大运河文化，体现历史文化传承与地域特色；随风即动，但动速不同，一叶带动几叶，体现课程内容顺应自然，源于生活，以幼儿天性、本性、个性发展为动能；风叶的形状可大可小及整体一向的转动之势，表现了"本·真"悦课程内容开放、方向一致、发展可持续，凸显园本化。

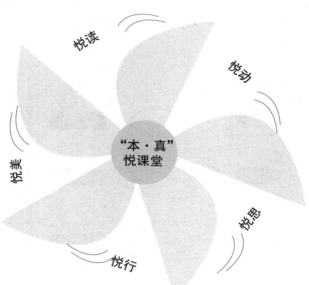

"本·真"悦课程的实施路径包括基本路径和特色路径。特色路径在基本路径的基础上进行，是基本路径的深化、拓展，班本特色突出。通过领域化实施、主题化实施、一体化实施三种实施途径，使课程落地。

本书主要针对悦思课程的内核——深度学习理念，介绍我们的观点、认识与做法。

（四）"本·真"课程的评价管理

针对课程实施者——教师，制定课题评价管理的总方案及年度实施方案，进行科学性、操作性、适宜性评价分析。依据《幼儿园保育教育质量评估指南》，通过教师研修行为观察、专业发展判断、课程实施情况等开展评价。包括教师课程成果的反思梳理、应用转化、辐射引领等。由幼儿园课程建设小组负责课程资源的开发、申报、审核、实施全过程，并鼓励教师随时从个人及团队视角组织、利用各种课程资源，确保课程的动态、可持续发展及园本化水平。

课程资源管理流程：发现新资源——分析问题（表象）、提供理论支持、进行价值解析——生成策略并进行比较、选择——资源申报——资源审核——纳入课程资源库。

针对课程受益者——幼儿，制定幼儿发展评价方案，对幼儿的发展实施科学性、操作性、适宜性进行评价分析。通过师幼行为观察、幼儿经验发展判断、活动目标实现状况等开展评价。

评价游戏质量的一个关键标准，就是"儿童经验的连续性"。本课程秉承发展性评价及过程性评价理念，采用连续性学习故事对课程实施效果进行评价。通过多途记录，立体呈现的方式，呈现课程轨迹，再现幼儿游戏过程。

连续性学习故事记录方法：以课程纪实为基础、以经验叙事为本质、以探究过程为情节、以合作研究为条件，表现多元实践价值。

三、基于教育树人之"本"，建设"本·真"教师梯队

构建"本·真"园本研修课程，为教师成长助力

1. 课程理念，凸显研修动能

在"本·真"教育课程群中，"动"是教师研修课程的理论基点。"动，作也"。"动"从三个方面诠释了将人的需要和发展作为核心的课程建设理念，强调了人，才是研修课程的原动力。

"动"，是一个过程，由静到动的交界处就是动的起点。这使"动"有了起始、开始的意义。

"动"，是一种动机，可以激活教育全过程。施于教育媒介，则有了"使用"的意义。

"动"，是一种引导，可以来源于主体或客体。可施于人的外部世界，亦可由人的内心世界产生，这就是感应、感动。

2. 课程目标，凸显研修内涵

秉承"师德为先、幼儿为本、能力为重、终身学习"的教师专业发展理念，明确"本·真五要"教师培养目标，暨"要有童心、要善沟通、要乐研究、要好合作、要勇创新"，形成筑魂（"本·真"的敬业精神）、提智（"本·真"的知识技能）、增能（"本·真"的研究实践）的"本·真"教师研修目标体系，在年度研修工作计划中分解落实，推进园本研修提质增效，促进教师专业成长，提升幼儿园保育教育质量。

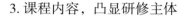

3.课程内容，凸显研修主体

"本·真"园本研修课程内容，来源于幼儿园、教师及幼儿的发展需要。研修内容主线为"三动"，即主动（教师发展领域）、灵动（幼儿发展领域）、律动（幼儿园发展领域），凸显研修内容的特点；而根据研修实际形成的预设内容与生成内容的互补融合，则体现了课程内容全面性、关联性、协同性和应变性的特质。

4.课程实施，凸显研修发展

课程实施路径是课程的组织形式，课程实施路径应多样化，聚焦研修实效。

（1）课程实施中，基本实施路径与自主研究路径互融互促

"本·真"教师研修课程，在多种形式研修（集中研修与分散研修、专题研修与系统研修、线上研修与线下研修）前提下，以深度学习理念为引领，坚持"活动主题化、主题课程化、课程系列化"原则，开展同年龄班横向、不同年龄班纵向，领域融合与主题式学习活动，丰富教师知识储备和学科素养，形成研修活动自主实施路径。

基本路径侧重于对已有成果的实践反思，自主路径侧重于基于师幼需要的研究性学习。

（2）课程实施中，"四微"研修策略促进课程落地

"四微"研修策略，即：

微主题——在全学年或全学期教科研主题下，确定具有研究价值的微项目（主题）；

微实践——活动设计或案例设计，指向并表现微项目（主题）；

微反思——教师对研修活动的思考，以及对研修结果运行一定时间后的效果反馈；

微评价——教师运用幼儿活动行为评价表进行观察评价，如《幼儿深度学习行为检核表》《"本·真"悦读国学诵读活动评价表》等；幼儿园通过对教师研修过程行为及研修效果等维度进行评价。

以科研课题形成研修项目，成为我园教师研修发展的一条重要途径。

四、基于教育保障之"本"，护航"本·真"幼儿健康

（一）卫生保健工作，为幼儿健康护航

1. 持续做好传染病管理工作

为了有效预防与控制传染病的发生和蔓延，通过加强幼儿的晨午晚检，体温测查，落实消毒隔离措施、增强师生防护能力。

坚持做好传染病宣教工作。以微信、美篇、展板宣传等形式宣教，开展了《健康用耳》《学龄前儿童手足口病防治宣教》《幼儿呕吐分析》等提高家长的防控意识。组织全体教师开展了《传染防控应注意那些事》《诺如病毒的防控演练》等宣教活动，以此提高幼儿的健康防控意识。

2. 做好体能锻炼指导与测试工作

利用晨检锻炼、户外游戏开展体能游戏专项锻炼活动，教师围绕孩子体能发展特点，有目的地投放材料、引导幼儿运动。保健医通过巡检和指导，对运动方法、运动量、动作要求等进行提示。

（二）家园社区携手，为科学育儿护航

1.记录幼儿活动与发展，做好家园沟通

积极探索"在园时光"幼儿发展过程性记录，以视频、图片、语音记录幼儿的发展。借用"家园共育"中的亲子互动模块，每月推送一项有意的亲子互动活动，丰富了亲子互动的内容，提高了家庭亲子陪伴质量，且有效地助推了班级教育活动的开展。

2.利用社区资源开展科学育儿教育活动

我园开展了垃圾分类宣传活动，通过绘画等方式识别垃圾种类及垃圾桶标识，做垃圾分类小小卫士活动。在幼小衔接活动中，我园与临河里小学开展了"幼小同心　献礼百年"的幼小衔接活动，通过观看视频、情景展现、节目表演、入校参观、走进课堂等多途径将入学前的你、你即将要变成的样子、几年后的你展现在幼儿面前，使幼儿萌生了上小学的积极情感。这些活动的开展，为幼儿深度学习主题的创生起到了积极的促进作用，使学习源于生活，在生活中发展学习。

（三）平安校园建设，为幼儿安全护航

以"平安校园"建设为指针，达到校园监控全面覆盖，注重设施设备的维护和管理，推动建设"课堂教育、日常宣传、专题活动、实践体验"四位一体的幼儿安全教育体系。

1.课堂教育：我们通过每周一课、重要节日前、安全宣传日，有计划地实施教育活动，以情景模拟、交流讨论、宣传讲解、视听结合多种方式引导、帮助幼儿逐步形成安全意识，掌握安全自护能力。

2. 日常宣传：班级安全环境、园内安全教育角、园外安全宣教栏三类环境的创设，分别面向幼儿、教职工、家长三类不同群体，宣教内容涉及个人防护、出行、食品、用水用电等十余项知识，起到了全体参与、全员受益、全面负责的安全管理要求。

3. 专题活动：结合上级安全防护重点，每学期我们都会设计开展 1—2 项重点安全教育专题活动。如电动车安全充电教育，我们开展了一个学期专题教育活动，从强化认识、安全自查、充电安全要求、安全自救等 8 个主题的全员教育活动，通过宣教切实提高了安全意识，有效消除了电动自行车乱停乱放、违规充电的安全隐患。

4. 实践体验：我园充分发挥环境优势，为幼儿创设了防火安全教育互动角、交通安全模拟场、食品健康体验区、安全教育图书角四大区角。开放的环境便于幼儿自主游戏、主动互动。

基于教育保障之"本"的护航，使幼儿在的生活能安全、健康，确保了幼儿在园游戏与学习的时间和机会，增强了幼儿学习的深度与广度。

第二章

幼儿深度学习的基本问题

一、区域活动中幼儿深度学习的概念

（一）幼儿深度学习

早在 20 世纪 50 年代，著名教育家布鲁姆就在其《教育目标分类学》[①]中提出"学习有深浅层次之分"，这蕴含深度学习的思想。布鲁姆的认知学习目标的六个由浅到深的层次，分别是"识记、领会、应用、分析、评价、综合"。学习者的认知水平停留在了解或理解的层次为浅层学习，涉及的是具体知识的辨认或再现、知识的记忆等低层次思维活动，而认知水平较高的应用、分析、评价、综合则涉及的是理性思辨、创造性思辨、问题解决、反思批判等相对复杂的高层次思维活动，属于深度学习范畴。20世纪 70 年代，美国学者 Ference Marton（费尔伦斯·马顿）和 Roger Saljo（罗杰·萨尔乔）[②]进一步明确提出了深度学习和浅层学习两个概念。浅层学习主要是指那些以过关为目的的被动学习，采用的主要手段是记忆背诵，而不是理解，更不要说是和周围环境进行有关联的学习。而"在理解的基础上，学习者能够批判地学习新思想和事实，并将它们融入原有的认知结构中，能够在众多思想间进行联系，并能够将已有的知识迁移到新的情境中，作为决策和解决问题的学习，属于深度学习"。

国内其他的研究者认为深度学习是"学习者以高级思维的发展和实际问题的解决为目标，以整合的知识为内容，积极主动地、批判地学习新的知识和思想，并将它们融入原有的认知结构中，且能将已有的知识迁移到新的情境中的一种学习"。

---

① 本杰明·布鲁姆，教育目标分类，认知领域 [J].1956
② 费尔伦斯·马顿、罗杰·萨尔乔幼儿深度学习的理论 [J]2021（3）

综合前人的研究，本研究对幼儿深度学习界定为：幼儿在兴趣和需求的内在动机驱动下，主动围绕着富有挑战的主题，以同伴合作为依托、以动手动脑为途径、以解决问题为目的，将新旧知识经验整合，批判性地接受与学习，运用高阶思维将已有经验迁移到新情境中，实现深层次的有意义的学习过程。幼儿的深度学习具备主动与探究、联系与建构、理解与批判、迁移与应用四个特征。

（二）区域活动

区域活动是教师依据教育目标和幼儿发展目标，遵循幼儿发展水平、发展需要的基础上，充分考虑幼儿的兴趣爱好，将活动室划分为不同的区域，并在各个区域内为幼儿创设丰富多彩的、富有趣味的学习环境，提供活动过程中所需的层次多样的活动材料。幼儿根据自身兴趣及需要，自主选择活动内容与活动材料，在与材料、环境、教师及同伴互动的过程中获得学习与发展。区域活动有以下特点：活动环境的可选性、活动内容的动态性、活动过程的自主性和活动指导的间接性。

二、区域活动中幼儿深度学习的基本特征

（一）区域活动中的深度学习体现幼儿的主动与探究

主动与探究的特征是当幼儿面临新环境中的新事物时，积极主动地与其进行了解和操作，并主动选择方法去探索，由此产生的外显性行为表现。在区域活动中，幼儿结合自己的兴趣选择区域，充分与材料、同伴及教师互动，活动过程自主，学习形式灵活。幼儿在区域活动中体现

出的深度学习主动与探究的特征具体表现为：对活动情境非常感兴趣，积极提出需要探究的问题；自主动手操作材料，材料操作过程符合问题解决的逻辑过程；积极思考，独立开展动手操作和探究，最终对自己所探究的问题给出自己的答案，并能对自己的答案进行完整的解释说明。学习动机是激发幼儿学习热情的内在动力，没有强烈的内部动机，缺乏浓厚的兴趣与积极的态度，幼儿无法走向深度学习。因此，在内部动机的驱动下，主动与探究是深度学习最明显的特征。

彩笔画泡泡　　　　　纸团印泡泡

纽扣印泡泡　　　　　瓶盖印泡泡

（北京市通州区临河里幼儿园　小班"看！泡泡画"案例　苏钰）

小班美工区"看！泡泡画"，在印泡泡的过程中，幼儿先后借助了彩笔、纸团、纽扣以及瓶盖等工具动手进行探究，通过多次尝试，发用画笔绘制、纸团、纽扣以及瓶盖的反面方式制作效果不好。最终，幼儿合理调整了瓶盖的方向，实现了绘制圆圆的、干净的泡泡的目标。通过幼儿自主选择材料，不断地尝试完善方法，充分体现了深度学习中的主动与探究的特征。

（二）区域活动中的幼儿深度学习强调知识的迁移与应用

迁移与应用是将幼儿将学习过程中所获得知识、方法和技能迁移应用于新的学习活动和解决真实情境中的问题。"迁移"是经验的扩展与提升，"应用"是将内化的知识外显化、操作化的过程。达到举一反三、学以致用的目的，促进区域活动中深度学习的持续发生和发展。

中班角色区"泥泥纪念店"，幼儿提出商品的价牌总是被售货员换来换去，而且掉在地上后不知道是哪种商品的价牌。月月说："我们之前做的价牌上只有数字。"兜兜说："我看到超市海报上还有照片和价钱，我们把商品的样子画上去吧。"于是，幼儿用图画、标记、数字多种形式绘制了新的价牌。

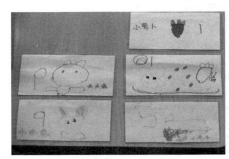 

幼儿制定商品名称与价格　　　　　　　幼儿制定价格

（北京市通州区临河里幼儿园　中班"泥泥纪念店"案例　李欣然）

三、区域活动中幼儿深度学习的逻辑框架

以教师层面、幼儿层面和实践层面三重维度，构建区域活动中幼儿深度学习的逻辑框架。教师层面以深度学习四环节为实施途径，践行深度学习理念；幼儿层面以深度学习行为表现为学习路径，探究深度学习特征。实践层面以场域转换为依托，形成深度学习支持策略。

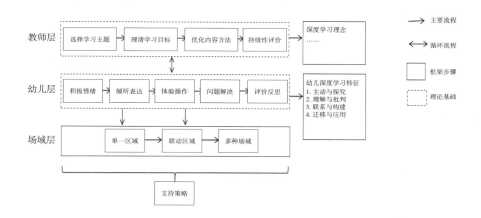

（一）以深度学习四环节为实施途径，践行深度学习理念

田慧生、刘月霞在《深度学习走向核心素养》一书中提出的深度学习四个重要环节，即：选择单元学习主题、确定单元学习目标、设计单元学习过程、开展持续性评价，为探究区域活动中的幼儿深度学习提供了借鉴和支持。本研究提出区域活动中幼儿深度学习的四环节：选择学习主题、理清主题目标、优化内容和方法、持续性评价的支持策略研究。

深度学习理念鼓励学习者积极地探索、反思和创造。它强调学习者批判地学习新思想和知识，进行新旧知识的整合。更关注学习者是否能将所

学知识经验运用到实践当中，举一反三，解决实际问题。因此，在每个环节中践行深度学习理念是达成区域活动中幼儿深度学习的实施路径。

1. 选择学习主题环节

主题的选择既追随了幼儿的实际生活、兴趣需求，又有教师对主题价值的筛选和判断，具有挑战性、探究性和持续性的特点。从而激发幼儿主动探究的兴趣和内在学习动机。一日生活中潜在的主题数量非常多，教师需要通过追随幼儿的实际生活、兴趣需求，结合教育计划和幼儿发展水平对主题的选择做出判断，和幼儿一起选择适宜的、感兴趣的、有丰富探究价值的深度学习主题，并对主题展开一系列涉及多个领域的深度研究。还应注重幼儿的主动性和参与性，尊重个性差异。根据幼儿认知能力的发展特点，将不同领域的学习内容有机整合起来，最终确定深度学习主题。

2. 理清主题目标环节

主题目标既是学习的起点又是终点，是判断教学有效性的标准和依据。确定主题后就要在充分了解幼儿已有经验的基础上，理清深度学习目标，贯穿于深度学习全过程中。根据游戏内容的发展和幼儿个体差异将总目标进行逐层拆分，为后续的学习活动指引方向。教师要充分了解幼儿已有经验，掌握幼儿的最近发展区，理清深度学习目标，再根据游戏内容的发展和幼儿个体差异将总目标进行逐层拆分，为后续的学习活动指引方向。

3. 优化内容和方法环节

在理清学习目标后，教师要基于儿童视角对幼儿深度学习的内容和方法进行筛选和优化。唤起幼儿的已有经验，让其主动参与到问题解决中来，运用高阶思维持续开展探究活动。教师通过观察和识别幼儿的行为，为其提供支架，引发幼儿将新旧知识联系起来，最终形成学习内容的迁移、运用与创造。

4. 持续性评价环节

在优化内容和方法后，教师需要利用持续性评价来关注幼儿的学习过程，通过发展性评价、聚焦性评价等多种评价方式对幼儿的学习过程进行持续观察和分析并及时提供反馈信息，引发幼儿深刻思考。既可以改善幼儿的学习方法，又能促进自我成长。因此，深度学习的过程必然需要评价贯穿始终。

教师将深度学习理念践行在每一个环节中，实现环节的层层递进和环环相扣，为幼儿深度学习的发生梳理出清晰的框架思路。

（二）以深度学习行为表现为学习路径，探究深度学习特征

1. 积极情绪

幼儿一旦对某一活动产生兴趣，就会变被动为主动，强烈的好奇心和求知欲就会推动幼儿不断探索，在探索过程中实现知识的建构、内化。同时，随着知识不断扩大和加深又会反作用于幼儿，使其兴趣随之增加，如此循环往复，幼儿内在学习动机自然而然生发。从学习过程来讲，深度学习特别强调内在动机的激发、积极主动的参与、高水平的认知和元认知的投入、新旧知识的联系等，最关键的因素就是幼儿积极主动的思维。幼儿的深度学习是一个整体性投入的活动，既有智力因素，又要有动机、情感、意志等非智力因素的投入。因此，教师创设宽松的探究环境，既包括区域规划、材料投放、墙饰创设，也包括积极的情感环境。因为，积极情绪是幼儿走向深度学习的保障，能够体现出深度学习的主动与探究特征。

2. 倾听表达

在建立起积极情绪后，幼儿需要通过倾听和表达开启深度学习。倾听是输入，输入的同时要在脑子里辨别、澄清、选择，然后组织语言表达，它们互相交融，也互相支撑与促进。如果说倾听是输入，表达则是输出和交流。幼儿在深度学习的过程中能够有意识地倾听；眼睛密切注视着说话者，对说话者的表述的内容做出微笑、点头、补充或某些习惯性思考动作；能准确理解表述内容，并提出问题或表达自己的见解。可见，幼儿在倾听和表达中有思考、有理解、有质疑、有反思、有评价……因此，倾听与表达是深度学习发生的前提与基础，不仅体现出理解与批判的深度学习特征，也蕴含着元认知思维、批判性思维、创造性思维等高阶思维的生长。

3. 体验操作

当幼儿基于倾听和表达对深度学习内容形成自己的理解和判断后，就要通过体验操作开展相关的探究活动。《3—6岁儿童学习与发展指南》指出：要理解幼儿的学习方式和特点，支持和满足幼儿通过直接感知、实际操作和亲身体验获取经验的需要。体验操作让深度学习有了载体，幼儿积极主动地参与和感受活动的过程；长时间地专注于活动；参与活动时随着活动内容变化表现出情绪状态的变化，能主动调用多种感知觉器官参与活动。特别是通过动手操作材料，积极思考并开展动手操作和探究，最终对自己所探究的问题给出答案。因此，体验操作是实现幼儿深度学习的重要方法。在此过程中，幼儿将新旧知识经验进行整合与联系，建构自己的知识结构，体现出深度学习联系与建构的特征。

4. 问题解决

区域活动中的深度学习致力于实际问题的解决，幼儿能够自己发现问题，通过观察、合作、尝试、迁移经验、总结经验等方式解决问题。幼儿的深度学习是为解决生活中的实际问题而服务的，通过学习迁移将认知结构中已有的知识经验运用到真实的问题情境中，达到举一反三的效果。幼儿迁移能力的高低对活动过程有着重要的影响。想要促进幼儿的深度学习，就需要促使其在深度学习活动中顺利地进行学习迁移[①]。可见，问题解决是实现幼儿深度学习的关键要点，在解决过程中体现出深度学习迁移与应用的特征。

5. 评价反思

评价是对学习过程及结果进行价值上的判断，反思是对学习经验的回顾和总结，幼儿深度学习的发展，是在幼儿在收获经验和反思经验中不断推动的。构建多元评价主体，通过幼儿自评、同伴互评以及教师评价等多种评价方式，帮助幼儿从不同角度分析、评价自己的活动过程以及结果，构建经验、肯定自己的优点、反思自己的不足。评价和反思环节是幼儿回顾探究过程、再次梳理整合经验的过程，能有效推动幼儿深度学习的持续发生。通过评价和反思，幼儿对于同一个问题，有不同的

① 仇雅琳.区域活动中幼儿深度学习的研究 [D]. 山东师范大学，2018.

理解和分析，主要体现了深度学习理解与批判的特征。

可见，以深度学习主要的行为表现为学习路径才能探究出深度学习的四大特征，为教师识别、判断深度学习的发生提供依据。

（三）以场域转换为依托，形成深度学习支持策略

区域活动中幼儿的深度学习研究经历了三个阶段：

阶段一，探究单个区域的深度学习。最初，以小班角色区、中班建构区、大班科学区为研究对象，进行单个区域深度学习的研究。当教师获得一定经验后，基于幼儿的游戏需要，拓展区域活动内容。教师则围绕区域活动的联动，开展支持策略的研究。在实施过程中，小班多在美工区、拼插区、建构区进行深度学习研究，幼儿在游戏中频繁出现观察、倾听、回答、模仿、体验、提问、寻求帮助等深度学习方式。中班多在美工区、拼插区、表演区、图书区中进行深度学习研究，幼儿在游戏中频繁出现了观察、提问、实验、记录、探究性操作、寻求帮助、搜集资料等深度学习方式。大班多在美工区、建构区、表演区、角色区、拼插区中进行深度学习研究，幼儿在达成任务中频繁出现了观察、讨论、提问、探究性操作、实验、记录、分工与合作、争论与辩论等学习方式，且等级也在逐步提升。

此外，教师和幼儿共同创设了学习型的深度学习环境，遵循主题性和探究性原则，在每个区域活动按照深度学习的游戏进程有层次地投放丰富材料，支持幼儿的深度探究。

阶段二，探究区域联动中的深度学习，当幼儿在单个区域活动中进

行深度学习后出现了区域间的简单互动，邀请其他区域的幼儿共同参与游戏，为其提供帮助。教师捕捉到这一契机，基于幼儿的游戏兴趣、需求、问题等因素，支持幼儿形成了由一个主体区引发多个拓展区的联动游戏，带动了多个区域活动的深度学习。深度学习背景下的区域联动是指：在一个区域游戏的推进中，幼儿生成更多的游戏兴趣、需求、问题、任务等，并主动与不同区域的幼儿建构"幼幼间的合作与探究"关系，通过协调、互助、共玩等方式，形成一个主体区和多个拓展区的联动游戏，促进幼儿运用高阶思维解决实际问题的有意义的学习过程。深度学习背景下的区域联动实施要点：问题与需求、区域的逐步深化，即问题能够引发幼儿之间形成互动关系，进而逐步深入产生联动。帮助教师更加清楚地认识到研究的重点和方向，为区域联动主题的开展，打下了基础。区域联动的环境基于单个区域的创设原则和经验进行调整，体现出区域联动的特点。

阶段三，将深度学习理念运用到一日生活中。在生活活动、教育活动、户外活动等活动中开展深度学习。尤其是在教育活动中，通过每个环节支持策略的有效运用，逐层逐步地达成活动目标，目标的达成就是深度学习逐步实现的过程。因此，深度学习理念能够促进多领域活动的发展。以点带面，以此来提升幼儿的深度学习能力，促进高阶思维的形成。

可见，深度学习实施场域的转换，有助于幼儿的全面发展，有助于提升深度学习的广度和深度，有助于提升教师的专业素养。同时，回归幼儿的一日生活，对深度学习策略的有效性进行检验，有助于策略的调整和改进，最终形成科学有效的深度学习支持策略，促进幼儿的学习和发展。

总之，区域活动中幼儿的深度学习逻辑框架是以教师提出的深度学习四环节为逻辑起点，以幼儿的深度学习行为为逻辑生长点，以实施场域的转换为逻辑归点。研究出区域活动中幼儿深度学习四大环节的 10 个策略 20 个方法。还按照回顾策略——分析案例（教师行为、幼儿行为、问题、原因分析）——调整策略三个重点环节，进行了策略的验证，明确了每个策略的实施要点，同时对已有的内容进行调整，使其更容易实施策略，进而促进幼儿的深度学习。

第三章

区域活动中幼儿深度学习的现状分析

一、我园教师在区域活动中支持幼儿深度学习的策略有待提高

深度学习能够有效强化幼儿的学习思维和探索实践能力，对促进幼儿发展具有积极作用。有效的深度学习离不开教师的支持，虽然我园教师对幼儿深度学习已经有了一定的了解，也在不断探索促进幼儿深度学习的策略。但就目前而言，我园教师在幼儿深度学习支持方面仍然存在些许不足，具体表现如下：

1. 环境创设缺乏多样性

环境创设在区域活动中扮演着至关重要的角色，多样化的环境创设能够激发幼儿的好奇心和探索欲望[1]，并培养幼儿的自主学习能力，从而促进幼儿进行深度学习。然而，我园教师在区域活动中对环境的创设缺乏多样性，同时，在材料投放方面也没有考虑到教育意义。

首先，我园教师在区域活动的环境创设过程中被区域的界限所束缚。已有学者的研究中指出：适宜幼儿进行深度学习的环境应当是开放性的[2]。只有开放性的活动环境才能够让幼儿不受限于区域的框架，实现自由探索。在"无界限"的活动空间中，幼儿可以将自身已有的生活经验进行整合，并将这些生活经验应用到解决问题的实践中。这也符合深度学习中的整合性和迁移性的特点。但是，我园教师倾向于将幼儿限制在特定的区域内，而不鼓励幼儿跨越界限去探索其他学习区域。这种

---

[1] 吴颖倩. 以"三期全架式"游戏环境创设路径支持幼儿深度学习 [J]. 亚太教育，2023，（16）：184-186.

[2] 高宇. 昆明市 D 幼儿园大班积木游戏中教师支持幼儿深度学习的个案研究 [D]. 云南师范大学，2019.

界限的束缚使幼儿的学习变得单一和局限，无法获得多样的学习体验和机会。

其次，我园教师在区域活动的环境创设中忽略了幼儿的主体地位。支持幼儿进行深度学习的核心是需要在环境中赋能儿童性。因此，教师在创设活动环境时，应当注重幼儿的主体地位，让幼儿享受"主人翁"的权利。只有这样，幼儿才能更加自信地去探索与表征。然而，我园教师在活动环境创设的过程中，更加注重环境的安全性，也没有鼓励幼儿共同参与到活动规则的制定中。如此一来，无法激发幼儿的积极情绪；同时，过于注重安全性也会限制幼儿的行动和选择，剥夺了幼儿的自主性和探索性。

最后，我园教师在材料投放上忽略了材料的教育性。材料的教育性是指材料本身所具有的能够促进幼儿深度学习的功能。我园教师充分意识到材料对提高幼儿活动兴趣的重要性，因此，为区域活动准备了较为丰富的材料。但是，我园教师过于注重材料的娱乐性，却忽略了材料的教育价值。在这种情况下，幼儿在区域活动中可能会片面地享乐，而无法实现深度学习。

2. 情感支持不到位

心理学家罗杰斯认为，心理安全和自由，是促进幼儿创造能力发展的重要条件。幼儿生活在一个自由、温暖、和谐的环境中能够让幼儿从心理上感觉到安全和自由，感觉到自己是被老师以及其他幼儿所接纳的，能够从心理上产生归属感和责任感，进而促进幼儿在环境中学习和互动，获得更为深入的发展①。可见，在区域活动中，想要促进幼儿进行深度学习，不仅需要为幼儿提供多样化的环境创设，还需要为幼儿提供情感支持，帮助幼儿体会到放松感、归属感和亲密感。然而，我园教师在区域活动中对幼儿的支持不到位，还有待进一步改善。

首先，我园教师在促进幼儿深度学习的过程中忽视了幼儿的情感需求。情感需求是幼儿发展中的重要组成部分。虽然，我园教师在日常教学中对幼儿的关心做到了无微不至。但是，幼儿是有自我意识的个体，他们的情感需求不仅仅是生活上的关心，更加体现在活动中的师幼互动。我园教师在区域活动中，大多时候会站在一旁观察幼儿的行为，较少参与到幼儿的活动中。通过观察发现，在区域活动中，教师站在一旁时，幼儿的活动状态良好；而当教师离开活动区域时，幼儿便四处张望，在遇到难题后，幼儿轻易便放弃。可见，幼儿在区域活动时，需要教师的关注。在获得教师的关注后，幼儿会更加专注地进行更深一步的探索。

其次，我园教师在幼儿深度学习的过程中没有意识到幼儿同伴合作的重要性。社会建构理论认为：学习者在社会交往中更有可能被唤起更高水平的思维②。在区域活动中，幼儿在与同伴的合作中会促进自身经验的深化与拓展。然而，我园教师在区域活动中没有为幼儿创设交流讨论的条件，尤其是在幼儿发生同伴冲突后，教师只意识到冲突所产生的

---

① 于馨淼. 大班科学区活动中教师支持幼儿深度学习的行动研究 [D]. 沈阳师范大学，2023.
② 马鸿雁. 美术区域活动中幼儿深度学习现状与支持路径研究 [D]. 华东师范大学，2023.

消极情绪，而并没有意识到幼儿在冲突中也会成长。例如，在建构区域中，小哲要用积木搭建轨道，可是轨道搭不稳，摇摇晃晃，这时，昊昊主动参与到小哲的活动中，昊昊将一块积木刚放到轨道上，搭好的轨道便倒了，此时，小哲便不依不饶，埋怨是因为昊昊的参加导致轨道倒塌，二人发生了肢体冲突。我园教师发现后，及时制止，避免矛盾进一步升级。然而，我园教师并没有引导幼儿进行正向情感表达，也没有帮助幼儿以稳定的情绪沟通问题，更没有在幼儿发生同伴冲突后，引导幼儿共同探索解决问题的办法。事实上，幼儿在发生同伴冲突后会产生消极情感，但如果教师能够及时予以引导，则能够引发认知冲突，帮助幼儿在冲突中进行反思，并理解和学习别人的观点，最终促进自身经验的拓展。因此，我园教师应重视幼儿同伴合作的重要性，并培养幼儿的批判思维和解决问题的能力。

最后，我园教师没有为幼儿的经验迁移提供有效的指导。深度学习是幼儿新旧知识整合基础上的知识建构，因此，丰富的经验是幼儿深度学习的基础。经验迁移是幼儿将已有的经验和知识运用到新的情境中，以解决新的问题，从而获得新的知识。如果教师没有为幼儿的经验迁移提供有效的指导，幼儿则无法运用已有的经验，从而影响幼儿的深度学习效果。我园教师在幼儿经验迁移的过程中，对幼儿知识的迁移指导不足。例如，在美工区中，教师搜集了不同长短和粗细的绳子，引导幼儿用绳子来作画、做手工。但是，却没有将绳子与其他区域相结合。在活动结束时，当问到幼儿绳子的用处时，幼儿的回答是："绳子可以画画，可以做手工。"却没有幼儿提及绳子的其他用途，如：测量物体的长度、拔河、做简易的摆锤、固定物体等等。

二、我园幼儿在区域活动中深度学习的学习效果有待提高

幼儿是区域活动的主体。在区域活动中，幼儿能够通过亲身实践、观察、探索和合作等方式，积极参与并主动构建自己的知识和经验。这种主体性的学习方式，使幼儿能够深入思考和理解所学内容，从而更加牢固地掌握知识和技能。但是，我园幼儿在区域活动中的深度学习效果一般，还有待进一步提高，具体表现在以下几个方面：

1. 幼儿缺乏活动积极性，且专注度较弱

建构主义理论中强调要以学习者为中心，学习者是知识结构的主动探索者、建构者。深度学习是学习者高度投入的主动建构知识的过程，建构游戏中幼儿是否高度投入，即幼儿在建构游戏中的专注度，通常以幼儿参与游戏的时间长短为标志[①]。也就是说，在区域活动中，幼儿的积极性和专注性与幼儿深度学习效果息息相关。

区域活动具有较强的自由性，幼儿可以根据自身的兴趣爱好来选择活动区域。然而，通过观察发现，我园幼儿在活动积极性和专注性方面的表现存在较大的差异：部分幼儿能够自主地选择活动材料，并享受活动所带来的乐趣，活动的持续时间较长；而大部分幼儿无法长时间集中注意力，常常是一件事情没做完就去做别的事情。这部分幼儿在区域活动中没有明确的活动目标，也缺乏独立的活动想法。在活动之初，幼儿

① 叶玉华.大班幼儿在建构游戏中深度学习的探究 [D].青海师范大学，2021.

尚且保持着较高的活动热情，但是，在活动进行了一段时间之后，幼儿的活动兴趣逐渐丧失，极易被外界的事物吸引注意力，更有个别幼儿表现出失去活动兴趣。此时，只有教师及时介入，才能将活动继续下去。例如，在益智区内，两名幼儿共同完成具有挑战性的拼图，将简单部分的拼完之后，剩下困难的部分，两名幼儿多次尝试没能完成，此时，一名幼儿便丧失了活动兴趣，另一名幼儿受到同伴的影响，也决定放弃。诸如此类事件，在我园区域活动中较为常见，足以说明我园幼儿在活动中缺乏积极性和专注度。

2. 幼儿深度思考能力不足，批判性思维缺失

批判性思维是实现深度学习的核心因素之一。学习者通过对知识的探索，获得经验，并对不同的观点进行比较和分析，以促进新旧知识之间的交互[①]。幼儿在具备批判性思维之前，必须要有深度思考的能力。然而，在实践中观察发现，我园幼儿在区域活动中深度思考能力不足，因此，导致幼儿的批判性思维缺失。

幼儿的深度思考能力是指：幼儿在学习和解决问题时，能够超越表层，对问题的本质进行深入的思考，并进行全面的考虑。幼儿的批判性思维则是指：幼儿通过深度思考来对他人的作品或者观念进行评判，并勇于提出质疑，而并非是人云亦云。可见，深度思考为批判性思维提供了理论支撑。然而，在区域活动中，我园幼儿往往习惯于接受成人的指导，缺乏深度思考的习惯。这可能是因为幼儿的生活经验不足，因此，幼儿更愿意依赖成人的指导，又或者是幼儿缺乏对信息评估的训练，习

---

① 刘月倩.游戏中幼儿学习经验深化的表现[D].西南大学，2020.

惯于接受成人提供的答案。其中，表现最为突出的是：在区域活动中，我园幼儿习惯按照教师的引导来完成操作实践。当教师对活动进行点评时，幼儿常常是以全面接受的态度进行学习，很少有幼儿对教师的点评提出质疑。

通过一直以来对区域活动中幼儿行为的观察，将我园幼儿的表现分为四大类：第一类是不好意思开口，或者不知道要说什么，这部分幼儿占比 20% 左右；第二类是习惯于听信教师的观点，并坚信教师的观点是权威的，这部分幼儿占比 75% 以上；第三类是能够说出自己的观点，但却不懂得用证据来证明自身观点，这部分幼儿占比不足 4%；第四类是能够说出自己的观点，并能用证据证明自己观点的可行性，同时，也可以用证据来反驳反面的观点，这部分幼儿不足 1%。幼儿缺乏对问题的深度思考，也就无法对观点提出质疑。例如，爸爸妈妈说哥哥姐姐要让着弟弟妹妹。在这一观点上，九成的幼儿都坚信爸爸妈妈说的是对的，弟弟妹妹还小，哥哥姐姐就应该让着弟弟妹妹。很少有幼儿会提出质疑，为什么大的要让着小的？无论在什么情况下，大的都应该让着小的吗？由于幼儿的经验和知识储备不足，思维方式也是感性和直观的。因此，幼儿难以对问题进行全面的理解和深度的思考。这也就导致幼儿无法分析所接收到的信息的可靠性和准确性，无法提高对知识的理解，更加无法发现信息背后的逻辑关系，最终无法实现深度学习。

第四章

区域活动中幼儿深度学习的教师支持策略

一、在选择学习主题中激发学习动机

（一）选择学习主题环节的支持策略

选择学习主题环节的支持策略，指教师在与幼儿持续的互动中，捕捉幼儿感兴趣、符合发展目标且能够持续探究的游戏活动。此环节能够准确筛选有深度学习价值的区域主题活动，支持幼儿自主选择和主动学习。在选择学习主题环节，潜在主题的数量是相当大的，因为每个幼儿都是单独的个体，他们会形成各自的游戏群体，从而围绕一个游戏内容进行活动，这时教师会对幼儿的游戏内容进行判断与归类，即是否可继续挖掘其中的教育目标和有相同游戏意图幼儿的人数占比，从这两方面思考是以教育活动或者区域活动等途径进行实施。当以上两点同时出现时，深度学习主题活动才得以实施。

1.追随兴趣策略

追随兴趣策略，指教师根据幼儿生活实际，从幼儿兴趣点出发，从中分析和挖掘价值点和问题点，鼓励幼儿将其形成有价值的活动主题，促进其持续探究的游戏活动。根据游戏活动中的可行性目标，有针对性地确定游戏内容。在策略中，本研究还具体分解出两个方法，分别是谈话法和话题法。

（1）谈话法

谈话法，指教师针对幼儿感兴趣的事物进行语言交谈，通过孩子的语言表达，发现孩子感兴趣的游戏内容，教师能够清晰了解幼儿的游戏意愿，激发幼儿主动探究和尝试。对谈话的支持策略进行了深入的分析，明确了谈话的核心要点，在谈话活动中，教师的作用是观察者、支持者、推动者，要鼓励幼儿主动、深入开展谈话活动，教师要善于提供语言支架，运用提问、提议的方式，主动发起谈话内容，基于幼儿的知识经验，顺应幼儿的学习特点。

中班美工区"石头变变变"活动来源于图书区的绘本《石头佩特拉》，在阅读绘本中，教师发现幼儿对石头的变化产生了浓厚的兴趣，于是，抓住这一契机点，与幼儿一起围绕绘本中石头的变化进行回顾与交流，你最喜欢变成什么样子的佩特拉？你觉得它还像什么？它还能变成什么等，通过谈话引发了幼儿对于石头的想象，有的幼儿说："我想给它加上耳朵，这样它就是兔子了。"有的幼儿说："我可以给它穿上裙子，这样就是会跳舞的石头了。"教师说："石头真的能变成小朋友说的样子吗？你们想不想试一试！"在交谈中进一步激发了幼儿创作石头画的游戏意愿。对接艺术领域发展目标，石头作为低结构材料，可以支持幼儿借物想象，发展他们的创造力、绘画等能力，教师在区域活动中为幼儿投放了各种石头支持幼儿创作。幼儿也将收集的石头拿到幼儿园，大家一起观察、创作石头画、石头摆件等。在谈话前教师准确地捕捉到幼儿感兴趣的活动内容，并进行有目的的引导，最终聚焦价值点，有效支持和推进了幼儿的活动。

幼儿制作石头画　　　　　幼儿石头画作品　　　　　幼儿石头立体作品

（北京市通州区临河里幼儿园 中班美工区"石头变变变"案例 邓宛欣）

（2）话题法

话题法，指围绕一定的主题进行的谈话活动。话题缘起不仅能够确定研究方向，其中也有探究的过程，首先是教师的观察，缘起往往出现在一个不经意的瞬间，需要教师在了解幼儿年龄特点和经验的基础上，长期有准备地随时关注。其次是选择，缘起的选择除了幼儿的兴趣和问题，更需要教师的专业分析，根据幼儿现有的经验，在和幼儿共同商量的前提下，确定集体或部分幼儿需要的话题。

小班拼插区"豆豆阳光房"，缘起于春季的种植活动，幼儿从家中带来了豆子、花生等种子，在泡发豆子的过程中，幼儿发现有的豆子一直不发芽，于是，教师抓住幼儿的问题，生成了如何照顾豆子宝宝的话题。在谈话中，有的说："豆子宝宝喝水少，要多让它喝水。"有的说："豆子宝宝太冷了，我们要给它做个房子。"到底怎么照顾豆子宝宝呢？教师、幼儿、家长一起搜集资料，最终，聚焦科学领域核心目标，从植物生长条件入手，确定为豆豆做阳光房。在活动中，教师能够及时捕捉幼儿提出的问题，对接核心目标，确定了有意义的学习主题，支持幼儿进一步的探究活动。

幼儿中午吃豆芽　　　　　　幼儿拼插阳光房　　　　　　幼儿给阳光房盖顶

（北京市通州区临河里幼儿园　小班拼插区"豆豆阳光房"案例　刘晓旭）

2. 活动观察策略

活动观察策略，指观看并解读幼儿游戏发展的阶段性特征，并基于幼儿活动现状给予有效支持。本研究还具体分解出两个方法，分别是参与法和作品比较法。

（1）参与法

参与法，指教师通过加入幼儿的深度学习活动，发现幼儿感兴趣的、有意义的学习主题。需要教师通过先观察、后参与的支持方法，观察到幼儿游戏过程中出现的问题时，教师及时介入，以"和幼儿玩相同游戏"为切入点，起到显性方法的支持作用。

小班拼插区"蘑菇晾晒架"，班级自然角种植了各种各样的蘑菇，教师和幼儿将采摘下的蘑菇放在窗台进行晾晒，但是蘑菇越来越多，放不下了，有的幼儿说："放在地上晾晒。"有的说："地上太脏了，那怎么办？"教师说："那我们看看蘑菇厂是怎么进行晾晒的。"于是，与幼儿共同观看视频，幼儿发现蘑菇是晾在架子上的，教师说："那没有架子怎么办？"有的说买一个，有的说做一个，最终，教师提议可不可以用拼插区的玩具进行制作，幼儿高兴地参与到拼插制作中。除了生长的蘑菇，美工区制作的蘑菇也寻求拼插区幼儿的帮助。教师和幼儿一起探索拼插蘑菇架子的方法，幼儿用乐高制作了一层架子，教师用雪花片制作了两层架子，在不断的启发与鼓励下，幼儿也迁移和运用已有经验进行了多层架子和适合晾晒不同蘑菇架子的制作。教师能积极地参与到幼儿的活动中，并针对幼儿提出的想法，聚焦到有意义的学习主题，再通过观察、共同游戏强化学习主题，激发幼儿持续活动。

单层蘑菇架　　　　　　　　　　双层蘑菇架

（北京市通州区临河里幼儿园 小班拼插区"蘑菇晾晒架"案例 马羽佳）

（2）作品比较法

作品比较法，指同一游戏内容中的参照物（实物、实物图片、实物视频、已有作品、计划图）与当天完成的作品，通过比较的方法进行分析、讨论，启发幼儿思考作品的优点和问题，进而激发其去尝试和探究的过程。由于不同年龄段幼儿的认知特点不同，因此需要选择不同的参照物进行比较，从而有效拓宽幼儿思维，提高游戏水平。

小班以直观形象思维为主，因此，适宜选择实物、实物图片、实物视频与作品进行比较。

小班建构区"坐上高铁迎冬奥"，在搭建高铁轨道初期，教师通过实物图片的展示，激发幼儿尝试搭建，但在搭建中，幼儿只用一根长长的积木当轨道，为了支持幼儿丰富主体结构，教师再次出示实物图片与实物视频，引导幼儿观察搭建轨道和实物轨道的不同点，通过观察，幼儿发现高铁轨道是双行道，于是，加宽了轨道。教师继续引导幼儿通过与实物的对比，分析、完善搭建的高铁轨道；第二次观察，幼儿发现高铁轨道是纵横交叉的，于是，运用辅助材料进行了装饰。最终在不断尝试中，幼儿先选用长条的积木平铺，然后在搭完的积木两侧用相同高度的方形积木相连接并随之延伸的方法，再用辅助材料表现轨道纵横交叉的方法，成功搭建了高铁轨道。在活动中，教师运用对比法，引发幼儿不断思考，在完善作品中提高了搭建的能力。

幼儿搭建直行轨道高铁

幼儿搭建弯道的高铁

（北京市通州区临河里幼儿园 小班建构区"坐上高铁迎冬奥"案例 张艺）

中班幼儿的思维仍然是具体形象的，但幼儿的游戏水平有了明显的提升，可选择实物、实物图片、实物视频，依据幼儿实际游戏水平，适当选择已有作品和当天作品进行比较。

中班建构区"临幼树屋"，在开始搭建大树时，教师发现幼儿搭的树总是倒，于是，教师和幼儿一起到户外观察了操场上的大树，并提供实物的图片供幼儿参考，运用实物和实物图片与搭建作品进行对比，使幼儿发现大树的明显特征后，引发幼儿尝试运用多种搭建技能解决问题，最后，形成了两种搭建树干的方法。（1.空心积木搭建树干底部，小积木交错搭建树干中上部。2.空心积木当树干。）教师在过程中，通过作品比较法支持幼儿主动与探究、联系与建构了新的搭建经验。

幼儿园的大树　　　　　　幼儿搭建大树　　　　　　幼儿搭建树屋

（北京市通州区临河里幼儿园 中班建构区"临幼树屋"案例 孙晓璇）

大班幼儿的抽象逻辑思维开始萌芽，可通过已有作品和当天完成作品、计划图与作品的比较进行自我评价。

大班建构区"我爱北京天安门"，幼儿初次搭建天安门的"门洞"每个的大小都一样，于是教师引导幼儿在对比计划图与作品的过程中，发现了"门洞"的特征（中间的门洞高，旁边的门洞矮，且两边的门洞是对称的，数量也是相同的）。于是，幼儿再次尝试搭建，完成了作品。在活动后期，幼儿会拿着图片边对比边自己进行调整，对建构物体的形、体、量等结构不断深入探究。活动中，教师有目的地运用对比的方法引导幼儿观察搭建的细节，并潜移默化地支持幼儿在后期的活动中自己运用对比的方法调整作品，有效促进了幼儿搭建能力和学习能力的提高。

搭建天安门计划图　　　　　　　　幼儿搭建天安门

（北京市通州区临河里幼儿园　大班建构区"我爱北京天安门"案例　乔蕊）

研究中，通过实践与讨论，对深度学习选择学习主题环节的支持策略进行了归纳总结，最终提出了教师支持幼儿深度学习的具体、有效的策略。

选择学习主题环节策略	追随兴趣策略	谈话法
		话题法
	活动观察策略	参与法
		作品比较法

（二）选择学习主题环节的支持策略的讨论

研究前，在区域活动中促进幼儿深度学习选择学习主题的支持策略预设为游戏空间及环境创设支持策略、多维及递进的材料支持策略、协同游戏计划支持策略。经过研究发现：游戏空间及环境创设支持策略和多维及递进的材料支持策略适用于所有环节，为普适性策略，缺少针对性。因此，调整为追随兴趣策略，教师要基于幼儿的兴趣和问题，追随他们的"真兴趣""真需要"，再结合幼儿的已有经验，和幼儿共同协商的情况下，形成幼儿感兴趣的，愿意主动探究的学习主题。预设的协同游戏计划支持策略，经过研究发现更适合中大班。小班幼儿做事缺少计划性，目的性。通常是先玩后想，教师虽然协助小班幼儿制订游戏计划，但是幼儿对计划的学习主题不感兴趣，无法形成学习主题。因此，依据小班幼儿年龄特点，协同游戏计划不适合小班幼儿，调整为活动观察策略，教师参与小中大班幼儿的游戏，观察幼儿的兴趣点和问题点，全面了解幼儿的活动现状，给予有效的支持，采用先观察后参与的方法，对主题的选择做出判断，形成幼儿感兴趣的、愿意主动探究的学习主题。

学习主题涵盖了学科核心内容、主干知识，但并不是所有幼儿感兴趣的内容都可以纳入学习主题，只有部分内容可以利用深度学习理念，适合开展深度学习活动。此环节中呈现出的幼儿深度学习的行为主要有观察、倾听和提问。如幼儿带有明确的观察目的；身体朝向并靠近观察对象，有计划地仔细观察对象的整体和各部分细节，摆弄观察物品并反复地看，出现针对观察对象的探究行为和交流行为；观察时长达到半分钟以上；语言描述观察对象时不仅能说出是什么，还能说出丰富的细节特征。幼儿的观察行为具有深度学习的特征，能够主动去观察物体并反复摆弄和交流，还能探究出物体的细节特征。说明幼儿的学习方式体现出了主动与探究的深度学习特征，对学习主题感兴趣，是幼儿进行深度探究与学习的前提。

因此，在选择学习主题环节中，教师要提供适宜的支持策略，如追随兴趣策略和活动观察策略来支持幼儿的深度学习，深化幼儿深度学习的行为方式，使学习行为的水平有所提升。同时教师需要对主题的选择做出判断，形成幼儿感兴趣的、愿意主动探究的、适合探究的学习主题。只有基于幼儿形成学习主题后，幼儿才能围绕具有挑战性、探究性和持续性的主题，全身心积极参与到深度学习中来。

二、在厘清主题目标中建构合理期望

厘清主题目标环节的支持策略

理清主题目标，指教师充分了解幼儿的最近发展区和幼儿已有经验，将游戏内容中幼儿已有经验和获得的新经验进行重组和深度加工，制定出适宜的深度学习主题目标。有利于经验的融会贯通，迁移应用、联系与建构，从而有效达成深度学习的目标。目标既是游戏的起点又是游戏的终点，是判断活动有效性的标准和依据，围绕"情感态度、能力、知识技能"的三维目标，将主题知识的"分析、创造和应用"作为促进幼儿高阶思维发展的学习目标，始终贯穿于深度学习中。

1. 目标进阶策略

目标进阶策略，指关于某一核心知识及相关技能、能力、实践活动在一段时间内进步、发展的历程，教师为幼儿设置的发展目标在基于幼儿实际水平的基础上，要体现从低到高的变化及过程。进而逐步发展幼儿的高阶思维和实际问题解决能力。本研究还具体分解出两个方法，分别是递进法和分解法。

（1）递进法

递进法，指采用不同的方式，帮助幼儿进一步加强经验的掌握和理解，有效激发幼儿的学习兴趣，增强幼儿学习的自觉性。带领幼儿进行更深层次的探究和思考，按从浅到深，从低到高，从小到大的顺序，层层推进。

中班美工区"蚂蚁王国"，幼儿将彩泥制作的蚂蚁放在展台上，发现蚂蚁身体连接处容易断开，于是通过讨论决定将蚂蚁腿做粗些，使蚂蚁腿根部和胸部的接触面积增大，但在进行第一次尝试后，幼儿发现虽然蚂蚁能够站住了，但蚂蚁的腿做粗，有些像小兔子。于是，教师引导幼儿思考：用什么材料可以制作蚂蚁腿？幼儿尝试用木棍，但是身体的其他部位会裂开，而且也不是又细又长。我继续提出问题："还可以用什么材料制作或者是之前你们用到的方法？"通过观察讨论，幼儿说可以用毛根，提出可以把毛根包进彩泥里，这样蚂蚁的腿就能像铁丝一样牢固了，于是孩子们进行第三次尝试，这次终于成功了，并且幼儿还发现有铁丝的蚂蚁腿应在彩泥还没干的时候进行动作造型。

在这一过程中，教师给予幼儿机会，支持幼儿运用已有经验进行制作，在发现问题后，引导幼儿思考还可以用什么材料制作蚂蚁腿，体现出艺术领域目标中提到的：能较熟练地使用和选择材料，创造性地表现自己的意愿。从发现蚂蚁身体容易断开到使用木棍再到借助铁丝等材料逐步尝试和调整，使得最终的蚂蚁作品又牢固又形象，教师有效激发幼儿更深层次的探究和思考，最终达成目标。

腿做粗点,就不容易掉了

蚂蚁腿里包裹铁丝

可以用木棍做腿支撑

束带可以固定蚂蚁腿

（北京市通州区临河里幼儿园 中班美工区"蚂蚁王国"案例 贾旭）

（2）分解法

分解法，指将完整的活动分成几部分，逐段进行教学的方法。一般适用于难度较大，结构复杂而又可分解的活动内容。这种方法的优点是把难度相对降低，便于幼儿完成，并且突出活动重点和难点，再基于前一个阶段幼儿的活动情况，为幼儿提供进一步的支持。

中班图书区阅读"阿诗有块大花布"中，第一周目标是能够认真观察和理解画面内容，了解故事的情节线索。教师使用环境支持策略，运用镂空故事袋的方法，使幼儿能清楚地表达出绘本故事中的各环节内容，幼儿运用画图的方式记录故事情节。第二周目标是在了解故事情节的基础上，运用已有知识经验，学习创编故事中的主要情节。基于创编故事的四要素，时间、地点、人物、事件，教师把这四点提示贴在活动区，引导幼儿合理地发展故事情节，创编故事的后续活动。这种创造性的讲述活动对幼儿想象力、思维能力、口语表达能力的发展有一定的促进作用。第三周目标能用完整连贯的语言讲述故事，并能自编动作进行表演。教师鼓励幼儿用多种方式表达表现故事内容（创编）。在整个活动中，教师运用了分解法，层层推进目标，促进幼儿语言发展。

师幼共同表演

图书区来介绍自己的新绘本

（北京市通州区临河里幼儿园　中班图书区"阿诗有块大花布"案例　李莹）

2. 多元目标策略

多元目标策略，指由单一的目标向多样的目标发展，由同一向分散变化。教师可以从各个角度挖掘多元化的学习目标，如素养目标、能力目标、知识目标等。因此，教师不能拘泥于某一种游戏模式，要针对不同游戏目标需要选择合适的活动策略，最终达到游戏模式多样化、活动策略最优化。因此，在支持幼儿深度学习中，教师要将目光放到幼儿全面发展的角度，考虑幼儿多元发展、终身发展。本研究还具体分解出两个方法，分别是均衡法和三维目标法。

（1）均衡法

均衡法，指鼓励发展快的幼儿能够发挥自身优势，辐射其他幼儿，使那些能力水平较弱的幼儿积极发展。教师预设目标指向于多数幼儿，但也要关注个性化的发展。在关注整体幼儿的同时也要关注个体，尊重孩子的差异性。

中班角色游戏"彩虹萝卜站"中，游戏初期，教师制定目标：了解商店的人员职责，会根据自己扮演的角色做相应的事。有些幼儿不熟悉自己的工作职责时，教师引导幼儿之间进行交流，同伴间出现了相互帮助的情况。游戏中期，教师制定目标：能够根据游戏中的需要，生成促销、打包等新情节。教师针对每个幼儿的经验进行目标的提升，比如有的幼儿能力稍强，教师就会制造一些小困难，如：想要喝冰水等；对于能力一般的幼儿，就会更多地唤起已有的经验，增强幼儿参与活动的自信心。同时还会鼓励有能力的幼儿带动其他幼儿共同学习。如：在顾客有需求，介绍员不能解决时，其他商店人员可以进行帮助。小员工们通过与同伴合作、与顾客进行对话，遇到问题时互相帮助，提高了语言能力和社会交往能力。教师在活动中，能够运用均衡法，根据幼儿的实际发展水平制定合理的目标，并关注个体发展需求，使每个幼儿跨越"最近发展区"达到新的发展水平。

    制作身份卡   打包员兼职厨师   收银员进行收银

（北京市通州区临河里幼儿园 中班角色区"彩虹萝卜站"案例 邢畅）

（2）三维目标法

三维目标法，指体现幼儿全面和谐发展、个性发展和终身发展的客观要求，目标要包含情感态度、能力和知识技能，深度学习倡导幼儿的主动参与、积极建构。

大班建构区"幼儿园的大滑梯"，针对旋转滑梯面与支撑物总倒的探究价值点，教师制定了情感目标：在合作搭建过程中，获得成功感；能力目标：能和同伴商议进行合作搭建；知识技能目标：会运用架空、延长的方式搭建滑梯，体会平衡、比例关系。幼儿在架空滑梯面的过程中，出现了倒塌的现象，教师支持幼儿观察积木的架空位置，幼儿大胆进行猜想与尝试，最终幼儿选择合适的积木进行叠高、连接，找到平衡点，在动手操作中验证假设，提高建构与思考能力，达成了目标。教师运用三维目标法助推幼儿主动参与、积极建构，促进幼儿的全面发展。

调整滑梯坡度　　　　　　　架空延长滑梯

（北京市通州区临河里幼儿园　大班建构区"幼儿园的大滑梯"案例　李雅君）

3.问题引领策略

问题引领策略，指教师运用问题的方式与幼儿进行对话，以有效的问题引领幼儿思考，通过以问导思、以问导学的方式加深幼儿对知识的理解，帮助幼儿梳理经验，助推成为共性认知或经验。或在此基础上预设下一阶段发展目标。本研究还具体分解出两个方法，分别是分析提问法和反思提问法。

（1）分析提问法

分析提问法，指引导幼儿分析事物的结构、因素，弄清事物间的关系以及前因后果，弄清事件间的整体与部分关系，支持幼儿自主解决问题，完成目标。

小班美工区"彩色的小马"，教师制定了目标：初步撕出简单的形状装饰小马。幼儿用撕纸粘贴的方式为小马做出了漂亮的衣服，但是对于如何做小马的头发和尾巴，幼儿没有想法，于是教师为幼儿找来了小马的立体模型，师幼共同讨论小马的外形特征，幼儿发现小马是卷卷的头发和尾巴。于是，开始撕长长的纸，并进行团、卷。通过分析提问法，幼儿了解了小马的外部特征表，并迁移了制作漂亮衣服的方法，制作了其他部位，最终完成了目标。

　　幼儿说儿歌撕纸　　　　　幼儿观察小马模型　　　　　幼儿用笔卷头发

（北京市通州区临河里幼儿园　小班美工区"彩色的小马"案例　邵涟漪）

（2）反思提问法

反思提问法，指在提问的过程中使幼儿加深对整个问题解决过程的认识和理解，对整个活动过程进行再认识和再思考，从而使教师发现并制定出更有挑战性、更适宜幼儿发展的主题目标。

小班美工区"我和好朋友"，幼儿能够运用已有经验捏出人物的头、身体、四肢，变现出基本结构。教师继续引导幼儿对比手臂和腿谁更长，幼儿仔细观察照片中的人物和自己的四肢，最终，调整了人物腿和手臂的长短。教师进一步引发思考："身体上还有什么？"引发幼儿丰富制作内容与细节。教师通过反思式提问，引导幼儿发现制作中的问题，基于问题的解决继续追问，支持幼儿在不断的反思和调整中，完成更有挑战性的学习目标。

团圆、按压

组装身体

完成作品

（北京市通州区临河里幼儿园 小班美工区"我和好朋友"案例 刘依娜）

　　研究中，通过实践与讨论，对深度学习厘清主题目标环节的支持策略进行了归纳总结，最终提出了教师支持幼儿深度学习的具体、有效的策略。

厘清主题目标环节的支持策略	目标进阶策略	递进法
		分解法
	多元目标策略	均衡法
		三维目标法
	问题引领策略	分析提问法
		反思提问法

三、在优化内容和方法环节中提升学习能力

优化内容和方法环节的支持策略

　　优化内容和方法环节，指教师要基于幼儿游戏视角对幼儿深度学习的内容和方法进行筛选，引导幼儿确立阶段性目标，唤起幼儿的已有经验，让其主动参与到游戏过程之中，激发幼儿的游戏热情、增强其情感

体验，学会探索，让幼儿真正成为游戏的主体，基于幼儿游戏视角的优化内容的支持策略，唤起原有经验破解游戏困难的支持策略，最终使幼儿在区域活动中体现出深度学习的主动与探究、理解与批判、迁移与应用、联系与建构的四个特征。

1. 主线贯穿策略

主线贯穿策略，指在整个深度学习过程中，将幼儿的学习内容和方法进行梳理和优化，选择幼儿感兴趣的，适合幼儿深入探究的内容，并将其作为深度学习的主线，贯穿在整个过程中。本研究还具体分解出两个方法，分别是脉络法和问答法。

（1）脉络法

脉络法，指教师将幼儿的游戏内容和方法梳理成脉络，紧抓适合幼儿深度学习并感兴趣的内容作为学习主线，始终贯穿于整个深度学习过程中。在运用中，教师要把不同的探究脉络贯通起来，达到纵横融通，提高幼儿的联系与建构、迁移与应用的能力，有效解决生活和游戏中的问题，最终掌握解决问题的思路与方法。

教师基于幼儿的游戏兴趣和需要，鼓励幼儿探索和讨论，激发了幼儿主动与探究的欲望；而将幼儿的学习内容进行优化和梳理，筛选出适合幼儿深度学习的内容，可以促进幼儿基于现有经验对新经验进行理解与批判；幼儿在教师梳理的脉络下，进一步进行探究，飞檐搭建的探索，将已有的经验进行迁移和应用，解决了实际问题；在问题解决的过程中，幼儿通过与幼儿和老师的互动和讨论，在新旧经验之间建立了广泛的联系，达到了深层次的理解，并解决了活动过程中所产生的问题。

从幼儿学习的过程和效果来看，都达到了深度学习，脉络法对于促进幼儿进行深度学习有一定的引导作用，可以作为在区域活动中促进幼儿进行深度学习的支持策略之一，引导幼儿持续探究。

大班建构区"霍格沃茨城堡"，幼儿在搭建出城堡的基本结构后，有人提出想搭建城堡群，有人想搭城堡的院子，有人想搭城堡房顶。幼儿有不同的兴趣单，到底继续优化哪个搭建内容和方法需要教师的梳理和引导。教师请幼儿共同观察和评价搭好的城堡，幼儿提出现在的城堡还没搭完，也不像，因为房顶没搭好。教师问道："那我们现在应该先搭什么、后搭什么？"幼儿说："我们先搭出漂亮的城堡房顶，然后再搭院子、小路……"于是，幼儿在后续的活动中运用了对称法、架空围拢法、错落法等多种方法搭建出了不同特点的城堡房顶。教师通过运用脉络法，紧抓游戏主线，引导幼儿优化学习内容和方法，梳理解决问题的思路与方法。

对称法房顶　　　　　　　架空围拢法房顶　　　　　　交错法房顶

（北京市通州区临河里幼儿园　大班"霍格沃茨城堡"案例　谢同舟）

（2）问答法

问答法，指抓住深度学习的主线，结合问答法，引导幼儿不断提出问题，得出结论，引出新问题，再分析，再提问。循序渐进地优化游戏内容和方法环节。如小班幼儿在美工区想捏出彩虹色的棒棒糖，但是却迟迟不开始游戏，于是教师问："彩虹色棒棒糖都有什么颜色？怎样捏出彩虹色的棒棒糖呢？"幼儿回答："把彩色的橡皮泥混在一起就是彩虹色的了。"于是拿来彩泥试了起来，结果混成了黑色。教师请大家看一看，说一说："这是彩虹色的棒棒糖吗？"另一名幼儿说："不是，怎样让颜色不混在一起呢？"其他幼儿说："每种颜色搓成一条挨着放，就不混色了。"通过引导幼儿围绕主线互相提问和回答，分析深度学习过程中存在的问题，逐步优化幼儿的游戏内容和方法。

大班美工区"梦幻纸浆画工坊"，幼儿将纸浆放入盒子内，又加入颜料，我问："现在可以使用了吗？"

霏霏："不能，刚才只是把白色的纸浆变成彩色纸浆，但是还不黏。"

教师："那怎么才能变黏呢？"

霏霏："试试在里面加一些胶呀！"

于是，幼儿开始在美工区找来了乳胶、胶棒。经过试验后发现，加入乳胶能让纸浆变黏稠。

但是，又出现了一个问题：幼儿加入的乳胶少，搅拌不充分，底部的纸浆没有胶。

教师："加多少乳胶合适呢？怎么能让纸浆均匀地都粘上乳胶？"

玲玲："加一点胶就用冰棍杆拌一拌，不够的话就再加。"

萌萌："得用力搅拌，拌匀了。"

教师运用问答法，引导幼儿围绕纸浆做法的主线进行深入思考，不断地发现问题，优化方法。最终，共同探究出彩色纸浆的制作方法。

加白乳胶　　　　　　　发现底部不均匀　　　　　　搅拌纸浆

（北京市通州区临河里幼儿园　大班"梦幻纸浆画工坊"案例　张敬茹）

2. 判断支架策略

判断支架策略，指幼儿在深度学习过程中，尝试用原有经验解决问题，当遇到困难无法解决时，教师需要识别幼儿的已有经验，帮助幼儿判断适合他们的游戏方法，提供支架，引发幼儿将新旧知识联系起来，最终形成学习内容的迁移、运用与创造。本研究还具体分解出两个方法，分别是经验法和对比法。

（1）经验法

经验法，指深度学习过程中，当幼儿遇到难题无法解决时，教师在技能技巧上给予幼儿适当的经验支持，推进活动进程，同时还拓展了幼儿的方法。如：当幼儿运用观察图示的方法进行二方连续剪纸时，幼儿出现了看不懂图示的问题。这时，教师运用口诀的形式给予幼儿经验上的支持，并请幼儿回想之前制作的爱心小书是怎样剪的？幼儿说："先把纸对折，再画桃心，再剪。"教师追问："如果想剪出四个连在一起的桃心怎么剪呢？"幼儿说："那要多折几次。"教师引导幼儿运用原有制作小书的经验，迁移并运用在二方连续的剪法上，将新旧经验进行联系，最终实现深度学习。

中班美工区"纸艺创想"，幼儿在给纸巾染色时，发现纸巾太大不好染色，染色不均匀，花纹不漂亮，当幼儿无法解决时，教师引导幼儿回顾之前学习过的折纸经验，幼儿用对边折、对角折、四角向中心折等方法将纸折小后进行染色。教师还启发幼儿思考"还可以用哪些折法？让染出的图案更漂亮？"随后，出示了作品照片请幼儿欣赏，鼓励幼儿自主探究怎样才能够染出照片中好看的图案，引发幼儿的思考和拓展。可见，教师运用经验法给予幼儿折纸经验的支持，将已有经验迁移运用到染色的新情境中，解决新问题。还通过投放欣赏照片，拓展了幼儿的思路。最终，幼儿探究出多种折纸方法，染出了丰富漂亮的多种花纹图案，实现了探究美工区创意染纸的深度学习。

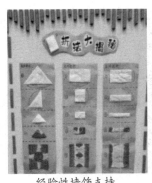

经验性墙饰支持　　　　　　对边折　　　　　　四角向中心

（北京市通州区临河里幼儿园　中班"纸艺创想"案例　周璇）

（2）对比法

对比法，指引导幼儿用对比的方法选出适合深度学习的游戏内容和方法，激发幼儿进一步探究的愿望。活动中幼儿用不同的方法测量头围，教师引导其演示并对比，选出最科学、最方便、最准确的方法。如：幼儿尝试将乐高拼成长方形，测量自己的头围。其他幼儿选用了毛线，毛线是一团太长。于是，幼儿先用毛线测量头围，然后用手按住做好标记，最终用剪刀剪下来。通过对比观察，幼儿发现了乐高又直又硬，不能围圈。而毛线质地柔软，能围圈，便于操作，最终能完成头围的测量。在区域活动分享环节，教师将上述问题分享给全班幼儿，共同讨论出适合测量头围的材料：软的、能围圈的、长的。通过引导幼儿对比测量材料和方法，幼儿探究出适合的测量方法，为深度学习的开展提供支持。

中班建构区"趣味赛车场"，两名幼儿先搭建出了没有支撑柱的弯弯的赛车道。其他两名幼儿看到后，在赛车道的下面放上了积木，把赛道架高。这时，教师运用了对比法，引导幼儿对比观察两种赛道的搭法，最终他们选择把赛道架高，而且要高于直直的赛道，才能搭出高低错落的赛道。通过对比观察两种弯弯赛道的特征，幼儿自主发现了问题，从而运用长短不同的积木当支架，搭建出更好玩、更有挑战的上下两层错落的赛道。

没有支撑的赛道　　　　　　　　　高低错落的赛道

（北京市通州区临河里幼儿园 中班"赛车道"案例 许红莲）

3. 环境支持策略

环境支持策略，指通过幼儿视角，创设学习性环境，将幼儿的深度学习过程展示在环境中，为幼儿的学习提供支持和借鉴。环境中材料的投放不是教师个人决定的，而是引导幼儿根据深度学习的开展情况适时地自主补充所需材料，激发幼儿持续探究的愿望。本研究还具体分解出两个方法，分别是问题墙饰创设法和材料补充法。

（1）问题墙饰创设法

问题墙饰创设法，指创设幼儿发现问题、解决问题的过程墙饰，紧扣生活性、探索性、趣味性。教师将整个活动的缘起、发展过程和成果展示在环境中。

小班美工区"小鸭子"，幼儿提出想用彩泥捏出可爱的小鸭子，为了支持幼儿的学习，教师将幼儿游戏过程中遇到的问题、解决的方法梳理提炼出来，展现了幼儿用不同的方法捏出小鸭子不同部位的过程。墙饰简单明了，基于幼儿的视角，能够符合小班幼儿的年龄特点，便于幼儿观察和借鉴。幼儿从墙饰中获取相关的游戏经验，养成了有问题看墙饰的自主学习习惯，从而优化学习内容和方法环节，为幼儿的深度学习提供支持。

问题墙饰　　　　　　　喝水的小鸭子　　　　　　唱歌的绿头鸭

（北京市通州区临河里幼儿园　小班"小鸭子"案例　张姚）

（2）材料补充法

材料补充法，指通过教师有目的、有计划地投放各种材料，创设活动环境，让幼儿在宽松和谐的气氛中，按照自己的能力和意愿，自主地选择游戏内容和活动伙伴，主动地进行探索和交往的场所。因此，在主题活动中为幼儿创设相适宜的操作和探索的环境尤为重要，教师为不同发展层次的幼儿及时提供并补充不同层次的操作材料，使每个幼儿都能在活动区里向最近发展区迈进。例如随着表演的深入，幼儿绘制的思维地图越来越多，教师为幼儿提供，收纳夹等收纳材料，但是取阅就十分不方便，于是教师与幼儿探讨最好的方法，将思维地图做成可移动墙饰，达到方便记录与取阅的目的。材料不是教师一次性投放的，而是要鼓励幼儿根据自身的游戏需要随时补充，为深度学习提供支持，达到优化内容的目的。

大班图书区"红领巾讲解员"，幼儿在初次阅读绘本《闪闪的红星》故事时，幼儿对故事的背景不熟悉，有的幼儿会问："为什么冬子的妈妈会被人抓，她做错事情了吗？""为什么胡汉三是坏人呢？"等等问题。教师投放了语音搜索器，幼儿自主操作，深入了解故事背景和情节。幼儿还利用图书区投放的纸笔，用思维导图的形式梳理出故事情节和人物特点，便于阅读和理解。当幼儿熟悉内容后，产生了讲述的兴趣和需求，于是，教师投放了点读笔，幼儿可以自主录音和播放。当录音次数增多了，幼儿自发开展了"红色故事小讲堂"的活动，评选出故事小达人。通过材料补充法的运用，提升了幼儿的阅读理解能力和语言表达能力，促进了图书区深度目标的达成。

运用"小度"深入了解故事　　绘制思维导图梳理脉络

使用点读录音和播放　　　　评选故事小达人

（北京市通州区临河里幼儿园　大班"红领巾讲解员"案例　李如月）

研究中，通过实践与讨论，对深度学习优化内容和方法环节的支持策略进行了归纳总结，最终提出了教师支持幼儿深度学习的具体、有效的策略。

优化内容和方法环节的支持策略	主线贯穿策略	脉络法
		问答法
	判断支架策略	经验法
		对比法
	环境支持策略	问题墙饰创设法
		材料补充法

四、在推进持续评价中助力深度探究

持续性评价环节的支持策略

持续性评价，指以活动目标为导向，贯穿深度学习整个过程，持续开展任务多维、方式多样、主体多元、灵活多变的学习评价，以落实发展幼儿核心素养的根本目的，落实以评促学、以评促发展的目标。评价使幼儿的思维可视化，通过评价诊断其在活动过程中出现的问题，并及时提供反馈信息，加以调控，既可以改善幼儿的游戏方法，促进发展，又能加深自我了解，促进自我成长。因此，游戏的过程必然需要评价伴随始终，且要选择适宜的评价方法。

1. 拓展建构评价策略

拓展建构评价，指教师要跟踪幼儿的活动过程，及时给予反馈，帮助幼儿认识自己，促进其在原有基础上的发展。评价时还要准确地将问题聚焦到某一点上，使幼儿清楚自己的不足并有初步的评判。使幼儿在原有经验的基础上，通过评价完善学习内容。本研究还具体分解出两个方法，分别是及时评价法和聚焦评价法。

（1）及时评价法

及时评价法，指教师把握最佳的评价时机，能够在第一时间肯定幼儿的做法，对幼儿深度学习过程及时关注，有效观察，以幼儿的发展为本，并引导幼儿发现问题，再整合新旧经验去解决新问题。比如：幼儿在捏桃花的花瓣时没有表现出真实桃花花瓣重叠的特点，教师及时地请幼儿观察真实花瓣的特点，并对照自己的泥工作品进行自评，说一说哪里需要调整，怎样捏出多层花瓣。通过及时评价，幼儿能发现自己存在的问题，在原有经验的基础上进行调整，不断完善自己的作品。

大班美工区"巧手窗花"，幼儿在某一次剪纸中将窗花剪断却不明原因，为了帮助幼儿解决这个问题，教师及时做出评价。教师的评价：

"这次窗花剪断了没关系，之前你也成功过，所以你很棒，不要灰心！你再重新剪一次，看看问题出在哪？为什么断了？"幼儿在多次尝试后得出结论：折纸时会得到一个中心点，中心点旁的两条边不能剪断。在上述案例中，教师及时客观的评价，鼓励幼儿对比几次剪窗花的异同，尝试找出剪断的原因。游戏中教师以激励的口吻及时评价，使幼儿产生自信，获得动力，愿意主动解决问题，最终得出结论积累剪窗花的经验。

 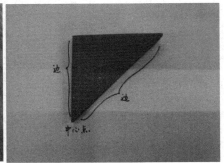

窗花剪断了　　　　　　　　　　　中心点旁的两条边不能剪

（北京市通州区临河里幼儿园　大班"巧手窗花"案例　刘烨）

（2）聚焦评价法

聚焦评价法，指教师在引导幼儿对深度学习存在的问题进行评价时，要准确地聚焦到某一点上，使幼儿清楚自己的不足并有初步的评判，为幼儿明确改进方向。如在幼儿捏狮子的泥工活动中，老师观察并提问："刚才你说自己捏出的小狮子一点都不像，哪里不像？"幼儿说："我没有捏出鬃毛，所以不像，一点也不好看。"教师："那鬃毛什么样？怎样捏出鬃毛呢？"幼儿边说边捏："鬃毛应该是细细长长的，密密麻麻的。"另一幼儿说："你捏的鬃毛太粗了。"接着，幼儿开始重新制作鬃毛，用较少的橡皮泥轻轻搓成又长又细的鬃毛。并和同伴分享自己的制作经验，不能用力搓，否则就断了。通过幼儿自评和同伴间的评价，幼儿注意到自己的操作过程及操作结果没有达到自身预想，出现偏差并寻找原因，及时调整，并且及时地总结经验。聚焦评价法对于促进幼儿进行深度学习有一定的引导作用，可以作为在区域活动中促进幼儿进行深度学习的支持策略之一。

　　大班科学区"有趣的陀螺"，教师使用了聚焦评价法，聚焦到陀螺转动时间短的问题上，引导幼儿在班级中寻找可用材料，边实验边说："我发现陀螺在泥工板上转得最快。"另一个幼儿说："我们为它画一个场地让它在上面转怎么样？"接着，幼儿开始重新转动陀螺，并和同伴分享自己转动的经验，一个泥工板太小了陀螺不够转怎么办。于是，探究出可以用多个泥工板拼接的方法就会让陀螺转动得更持久。通过聚焦性评价，幼儿注意到陀螺的转动时长，共同寻找原因，不断地思考和操作，最终，探究出解决方法。可见，聚焦评价法能够助推幼儿解决能力的提升。

与同伴间将泥工板拼接　　　　　　　　调整泥工板

（北京市通州区临河里幼儿园　大班"有趣的陀螺"案例　于依洋）

2. 顺接延展评价策略

顺接延展评价，指教师对幼儿的深度学习进行评价时，既要关注到幼儿之前的活动内容，又要启发下一次的活动调整。还要整合多种评价方式和意见，提出适合幼儿深度学习的建议，为幼儿下一步的学习提供支持。本研究还具体分解出两个方法，分别是发展评价法和整合评价法。

（1）发展评价法

发展评价法，指以发展为尺度的评价，注重幼儿经历游戏活动以后在认知和技能上获得的增长。将所学经验迁移与应用，建构新的知识体系，开始新探索。游戏前，请幼儿说说昨天用积木测量房顶高度的方法好不好用？遇到了哪些问题？今天可以怎样调整？游戏中，请幼儿说说今天的方法好不好用，需要注意什么？游戏后，分析幼儿的测量结果，并提出更有挑战的任务，还有没有更好的方法？评价贯穿幼儿活动的始终，深度学习可能发生在区域活动的任何阶段。因此，对推进幼儿深度学习的区域活动评价要采用发展性评价，以幼儿的全面发展为目标，注重过程评价，以幼儿的发展为本，重视幼儿的起点和发展过程中的问题。

中班美工区"小小蜘蛛侠"，幼儿通过观察真实的蜘蛛模型，用彩泥捏出蜘蛛的身体特征。教师评价道："你捏出的蜘蛛头和身体是黑色的，有八条细细的腿，尖尖的牙齿、细细的腿。就好像一只真实的大蜘蛛出现在我的面前，逼真极了！再仔细对照模型看一看，蜘蛛还有哪些特征？"幼儿继续专心游戏，完善蜘蛛的细节。游戏评价时，教师说道："明明今天捏出的大蜘蛛特别逼真，是因为通过观察能够发现蜘蛛的细节特点：每一条腿都有白色的线，腹部是红色的，他还在腹部上面画出了斑点，真是心灵手巧的小朋友。"教师运用了发展评价法，游戏中的评价是为了鼓励幼儿并引导幼儿发现问题，继续完善细节。游戏评价环节的评价是为了总结分享幼儿的好方法、好经验并通过交流使幼儿获得成功的快乐。

边观察边制作

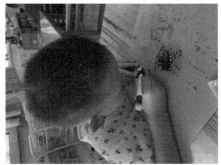
在腹部画斑点

（北京市通州区临河里幼儿园　中班"小小蜘蛛侠"案例　李媛）

（2）整合评价法

整合评价法，指整合师幼互评、教师评价、幼幼互评、幼儿自评的多种意见，引发幼儿深度反思，并提出适合幼儿继续开展深度学习的意见，为幼儿的深度学习提供下一步的支持。如在区域点评环节，请幼儿先评价自己的作品，再评价同伴的作品："今天的线条画和昨天相比有哪些区别？"教师再结合相关的线条画作品和绘本，对照幼儿的作品，从色彩、线条、布局等多方面进行评价。通过多种评价形式，幼儿整合并吸纳了多种为线条画涂色的意见：涂在线描画之间的空隙、涂在线描画里面、装饰线描画外面。深度学习本就是一种自我导向的学习，需要学习者元认知的参与，所以更应注重自我评价。除此之外，来自教师、同伴的评价同样重要。教师要帮助幼儿建立学习共同体，整合幼儿的想法和方法，支持幼儿的深度学习。

小班建构区"神奇动物园"，幼儿在成功搭出完整的动物房子后，继续搭建的兴趣越来越高。教师在游戏过程中运用了教师评价、幼幼互评等评价方法，引导幼儿关注到今天的房子和昨天的区别。并调动幼儿已有经验，拓展幼儿思路，引出继续搭建动物社区，增加游乐设施，丰富动物生活的搭建设想。通过整合评价法，幼儿在教师评价、幼幼评价的启发下进行了深度思考，梳理出下一步的搭建内容。

| 滑梯 | 旋转木马 | 海边小路 |

（北京市通州区临河里幼儿园　小班"神奇动物园"案例　张路）

研究中，通过实践与讨论，对深度学习持续性评价环节的支持策略进行了归纳总结，最终提出了教师支持幼儿深度学习的具体、有效的策略。

持续性评价环节的支持策略	拓展建构评价策略	及时评价法
		聚焦评价法
	顺接延展评价策略	发展评价法
		整合评价法

大班"多彩多样的曼达拉"，幼儿先后探究出系扣法、花瓣法、五角星法、十字组合法等多种曼达拉的编织方法。美工区的曼达拉作品数量越来越多，在交流讨论中，决定在角色区开展售卖曼达拉的角色游戏。开展一段时间后，角色区的商品越来越少。美工区幼儿积极与角色区客人沟通，按照客人的需求制作出漂亮的线绳作品，并使用不同的方法编织出不同款式的曼达拉。在角色区和美工区的联动中，既促进了两个区域的深度学习，又发展了幼儿的编织、表达、审美、交往等核心素养。

编手链丰富商品　　　　　　　　　　　与顾客讨论协商

（北京市通州区临河里幼儿园 大班"多彩多样的曼达拉"案例 姜媛）

以区域联动为依托，是核心素养生成的重要路径。幼儿在区域联动中获得了多种素养的提升，这些素养的获得是幼儿与各种真实情境持续的社会性互动中形成的，需要区域联动中深度学习的支撑，才能促进核心素养的提升，才能有助于幼儿终身学习和长远发展，才能培养出适应时代发展需要的德智体美劳全面发展的社会主义建设者和接班人。

由于本研究是在大中小三个年龄段分别进行的，且三个年龄段所进行的区域活动的内容不同，可能会造成三个年段在不同学习方式的深度学习水平上有差异，所以我们对每种学习方式上，都以深度学习水平为因变量，做了年龄与干预的交互作用分析，观察不同年龄阶段幼儿获得干预前后，其深度学习水平的提升效应是否不同。混合因素重复测量方差分析结果显示，有七种学习方式，分别是倾听、讨论、提问、回答、寻求帮助、视听结合、争论与辩驳，其交互作用都达到或者濒临显著。例如，在倾听这种学习方式上，倾听与年龄的交互作用显著性水平 $P=0.044$，$P<0.05$，说明小中大班的幼儿，在教师干预之后，其在倾听这

种学习方式上，深度学习水平的提高效应并不相同。

一个月后，再次对幼儿的学习方式进行观察、评估和干预，发现作用显著或濒临显著的学习方式达到了 10 个，除初测中倾听、讨论、提问、回答、寻求帮助、视听结合、争论与辩驳，增加了探究性操作、分工合作、搜集资料。其中，幼儿运用的探究性操作学习方式的显著性主要表现为幼儿对活动主题感兴趣，能够提出需要探究的问题；如在案例"冲啊！火箭"中，幼儿能尝试动手操作材料，材料操作过程与要探究问题有关；愿意主动思考，独立开展动手操作和探究。分工合作学习方式的显著性主要表现为幼儿共同完成某项任务，有一定的分工合作意识；活动过程中有关于任务安排的协商交流；为了有效地共同完成任务，同伴之间有任务的分工。搜集资料学习方式的显著性主要表现为能根据任务主题和任务的需要有目的地进行信息的搜索；能围绕任务主题自主进行资料搜集；尝试对资料进行归纳和整理。

"冲啊！火箭"

2021 年 9 月 17 日神舟十二号飞船返回地球，宇航员叔叔凯旋的信息通过媒体途径被孩子们所了解，幼儿对于火箭萌生浓厚的兴趣，展开了关于火箭的讨论：

分析与讨论

刘明涵："火箭是怎么飞上去的？"

苗苗："是火力加气球就能让它飞起来。"

艾米："不是，不是，是助推器，我在科技馆看过，刚进去的时候我就看见一个很大的飞船。"

　　9月18日清晨，幼儿持续之前的讨论，带来了在家里做好的各种火箭，由此以"怎么制作可以飞的玩具火箭"为指引，幼儿萌发出强烈的探索欲望，"冲啊！火箭"主题活动由此拉开序幕。

　　活动一：哪种飞得高？——五队PK赛

　　猜想与假设

　　幼儿各执己见纷纷提出自己的观点，大胆猜想利用多种方法制作可以飞的玩具火箭。于是，弹力、磁力、风力、气力、光力由此出现，在投票中形成了五个小分队，以飞的高度为验证进行五队火箭PK赛。

方式	猜想与假设	验证
弹力	桃桃：皮筋的弹性可以让火箭飞起来	95cm
磁力	凯文：磁力可以把火箭吸起来，揪上去	27cm
风力	雯雯：风力可以把火箭吹起来	7cm
气力	小鱼儿、小宇：气的力可以把火箭吹上去	100cm＋
光力	航航：光力，用四道光就可以支起来	0cm

　　基于对时事的兴趣，幼儿大胆猜想，以比赛形式开展验证，体现深度学习中的特征"主动与探究"。他们在小组游戏中，进行分工合作，搜集资料尝试制作，并表现出倾听、实验、记录、搜集资料、联想等学习方式，幼儿自发开展自制火箭玩具比赛，引发了更多的探究性的学习契机。

　　除此之外，一个月前经过评估得出的作用显著的七个学习方式中，个别学习方式的等级有所提高。如倾听由等级二上升为等级三，具体表现为：幼儿能对说话者的表述的内容做出微笑、点头、补充或某些习惯性思考动作（如托腮、皱眉等）；能准确理解表述内容，并提出问题或表达自己的见解。提问也从等级二上升为等级三，具体表现为：幼儿在听不懂或有疑问时能积极思考主动提问，能清楚地表达疑问，并进行有逻辑的追问，能从多个角度或以多种形式提出开放式问题或为什么和怎么办的问题；对于他人的问题能积极回应并深入思考。幼儿的争论与辩驳从等级一上升为等级二，具体表现为：能够用流畅的语言表达自己的观点；被其他儿童反驳之后，能够再次清楚地阐述和表达自己的想法和意见；勇于坚持自己的立场。可见，通过一个月后的评估和干预，幼儿运用的部分学习方式促进深度学习水平效果的提升。

可见，幼儿阶段的深度学习在区域中是经常发生的，对幼儿的发展有很大的促进作用。通过两次数据分析，结果表明不同年龄段幼儿学习方式的深度学习水平都有不同程度的提升。这说明幼儿阶段适宜开展深度学习，并且教师的支持策略能够有效地引发和促进深度学习的开展，如引导幼儿在游戏和学习过程中发现问题，采用多种策略尝试解决问题，进行高阶思维和高水平的认知参与，有助于幼儿在"最近发展区"内，提升游戏水平、思维水平和解决问题能力，拓展幼儿的思维，最终提升幼儿的深度学习水平和效果。

（北京市通州区临河里幼儿园　大班"冲啊！火箭"案例　王玺）

第五章

区域活动中的幼儿深度学习的效果

一、区域活动中的深度学习促进教师支持能力的发展

（一）在认识中转变教育观念

教师对深度学习的认识从单纯地认为深度学习对幼儿来说是困难的，促进幼儿的深度学习甚至是不可能发生的，到理解了深度学习仅仅是一种学习方法和学习过程，也是区域活动的最终目标。对比研究前的区域活动，教师存在将区域活动作为小组学习的场所，将自己的意愿强加给幼儿，且失去了游戏的本质。研究后，教师能够追随幼儿的兴趣需求，运用多种策略支持幼儿的主动学习与探究，助推幼儿深度学习的发生，这是体现了教师教育观念的转变。

解决问题是深度学习的必然要求，它在深度学习中具有举足轻重的地位和作用。更是促使幼儿发生深度学习行为的前提条件，研究使教师珍视与捕捉幼儿的问题，基于幼儿的问题，迁移深度学习四环节的发生、发展规律，运用多种策略支持幼儿的学习。

以科学区"自制扫地机"为例

《3—6岁儿童学习与发展指南》中强调："幼儿的学习是以直接经验为基础，在游戏和日常生活中进行的，要珍视游戏和生活的独特价值。"在幼儿园的区域活动中，科学游戏因探究性、操作性强、易发挥创造力、想象力而深受广大幼儿的喜欢。幼儿在对科学活动进行探究的过程中，实现自己游戏的需求及愿望，体验同伴共同合作的快乐感、成功感。通过科学游戏，不仅能够丰富幼儿的主观体验，发展幼儿的动手能力和思考能力，更能使幼儿在协商、谦让、交换的游戏氛围中，学会

分享与合作，尝试开拓与创新，体验成功与挫折。科学游戏与集体活动不同，它给了幼儿自主、自由的空间，在自由结伴、协商解决问题、明确分工的基础上完成计划的制订，并通过制订计划培养幼儿养成良好的学习意识。

但是在现行的现状研究中，教师对幼儿原有经验的识别、判断不准确，不关注新旧知识的联系，没有基于幼儿游戏视角优化方法，使幼儿学习无法深入。那么，在优化方法方面，应该如何有效地支持引导幼儿呢？

一要追随兴趣策略，引发深度学习的契机

教师需要紧密联系生活实际，从幼儿的问题出发，有针对性地确定话题内容，可以由幼儿或教师引发。追随幼儿的兴趣，围绕需要探究的问题。以往的科学游戏，一般缺少持续的探究，幼儿更多是在不断地更换科学区的游戏材料。一些可持续探究的生成性主题活动少之又少，往往以常见的声、光、电、磁力为主题开展活动，在评价时难以聚焦某一问题深入探究与推进。因此，以主题背景来支撑科学活动，基于贴近幼儿生活经验的原则，选择幼儿最常见的科学产品和科学现象进行活动，有助于幼儿运用自己的想法以及对事物的理解、认知进行操作与表征，推动幼儿在主题科学游戏中的深度学习。

在"自制扫地机"的主题活动伊始，我们就有意识地预设了贴近幼儿生活且能够引发幼儿游戏兴趣的"扫地机"活动，活动源自户外落叶和班级碎纸不容易清扫的问题，于是幼儿想自制扫地机，通过活动引导幼儿从自身做起，增强保护环境、大自然的意识。教师基于幼儿想制作扫地机的想法，和幼儿上网搜集自制扫地机的视频，幼儿对纸盒扫地机很感兴趣，知道了：通过轮子转动带动刷子转动，刷子不断转动将垃圾扫进垃圾筐的工作原理。自发形成了"自制扫地机"小组，通过绘画设计图、材料图、流程图，开始制作纸盒扫地机。

只有贴近幼儿生活，了解幼儿的想法，组织适当的激趣活动，让幼儿真正感兴趣，才能引发适合深度学习开展的契机。

二要采取目标进阶策略，提升深度学习的能力

幼儿的发展是循序渐进的。在深度学习中，教师为幼儿设置的发展目标在基于幼儿实际水平的基础上，要体现从低到高的变化及过程。进而逐步发展幼儿的高阶思维和实际问题解决能力。

"自制扫地机"的第一阶段，纸盒扫地机，解决了轮子转动的问题，紫宁说："轮子安在长棍子上，棍子在纸盒中间，就转不起来了。"宇泽说："棍子和纸盒中间有摩擦，棍子不能动，轮子也就不能动了。"于是，通过再次观看视频发现：轮子固定在棍子两端，棍子插进吸管里，吸管安在纸盒中间，减少棍子和纸盒之间的摩擦。萌萌："把轮子先拆掉，安装完吸管之后，再把轮子安装上。"幼儿不断与同伴、材料发生互动，积极地发现轮子不能转动的原因，通过小组合作，反复尝试、替换材料解决问题，体现出深度学习的特征"主动与探究"，表现出分工合作、积极思考、灵活应用等良好的学习品质。

第二阶段：吸尘器扫地机，了解风力原理，教师帮助幼儿了解吸尘器的工作原理：吸尘器靠电动机高速驱动风机叶轮旋转，使空气高速排出，而风机前段吸尘部分的空气不断地补充风机中的空气，使吸

尘器内部产生真空，风力越大吸力越强。幼儿又通过再次制定设计图、材料图、流程图，家园共同搜集材料，开始制作吸尘器扫地机。幼儿先将电扇摆在瓶子中间的位置，用笔在瓶身外侧画好标记，拿剪刀将瓶子沿标记剪开一个小孔，再把雪糕棍从孔穿过去，穿过去的同时标记好另外一侧孔的位置，拿剪刀剪开标记处，再将雪糕棍穿出瓶身另一侧。将雪糕棍摆正后，幼儿用胶枪把电机固定在雪糕棍上，再将开关固定在瓶身外侧，电扇固定完成。当幼儿发现固定电扇的过程比较复杂时，幼儿没有放弃，而是表现出浓厚的兴趣与强烈的动机，积极思考，勇于探究，迁移实验包中的经验，成功固定电扇，体现深度学习中的特征"迁移与应用"。

通过多次游戏的调整和经验的积累，幼儿能愿意主动发现问题、思考解决方案，并在游戏中做到有商有量，先实验后总结，提升了自身的游戏水平。

三要采取环境支持策略，迁移深度学习的经验

通过基于幼儿视角，创设学习性环境，将幼儿的深度学习过程展示在环境中，为幼儿的学习提供支持和借鉴。环境中材料的投放不是教师个人决定的，而是引导幼儿根据深度学习的开展情况适时地、自主补充所需材料，激发幼儿持续探究的愿望。为了帮助幼儿更好地总结游戏经验，问题性墙饰无疑是一个很好的选择。创设幼儿发现问题、解决问题的过程墙饰，紧扣生活性、探索性、趣味性，且能够将整个活动的缘起、发展过程和成果展示在环境中，能够让幼儿在新的游戏阶段中不断迁移已有的游戏经验，提升游戏水平。

在"自制扫地机"最初的游戏阶段，针对轮子不能转，刷子不能转，怎么扫不到垃圾等问题，教师通过创设支持幼儿学习的环境，引导幼儿分析事物的结构、因素，弄清事物间的关系以及前因后果，使用游戏导图通过符号表征的方式反思梳理解决问题的办法，并以"问题单"的形式呈现出来，突出作品及展示内容并将遇到的问题及解决方法进行梳理。教师将整个实验过程展示在环境中，支持幼儿从墙饰中获取相关的游戏经验和解决问题的经验，引导幼儿向同伴学习共同进步，养成了有问题看墙饰的自主学习习惯，从而优化了学习内容和方法，对幼儿的深度学习提供支持。

幼儿在科学游戏中的深度学习，目的在于提升幼儿科学游戏的质量和水平，只有教师充分认识到深度学习对幼儿发展的价值和意义，并给予积极的支持和引导，幼儿的深度学习才能真正发生。把情感融入活动中，维持自己在科学活动中的积极、主动的情感态度，让原本停滞不前的科学游戏继续开展，才能发展幼儿的科学意识和科学能力。

（北京市通州区临河里幼儿园　大班"自制扫地机"案例　王玉菊）

（二）在实践中丰富支持策略

通过研究，教师在了解该年龄段幼儿的发展水平基础上，能够专注对幼儿活动的观察与分析，较为正确地把握幼儿学习和发展的阶段性特征，寻找幼儿发展的机会，并及时评估学习内容是否合情合理，活动的难度是否适当，积极寻找、收集幼儿学习情境中所呈现的、表达的问题，以鼓励、支持的方式引导幼儿尝试解决问题，达成游戏目标。判断幼儿在区域活动中可能获得的宝贵经验。引导幼儿习得了探索和实践方法，能够让幼儿更加自信地对待下一个挑战。研究使教师从束手无策到能够选择和运用较为有效的支持策略，引发幼儿的深度学习，进而促进幼儿深度学习能力的发展。

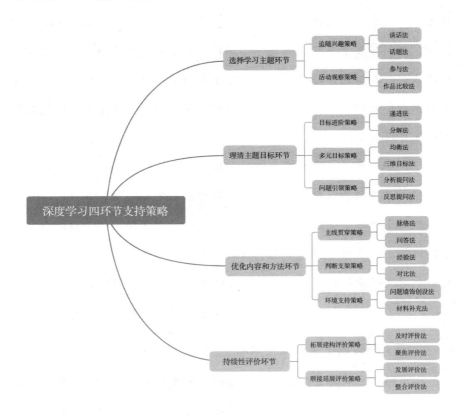

大班"百变孙悟空"

在活动中期，针对"还有什么样子的孙悟空"的问题，教师引发幼儿回顾：孙悟空取经路上还遇见了什么事情，在创设西游记小情景中的经历等，启发幼儿进行思考，最后，幼儿通过已有经验用灵巧的小手自己或通过合作的方式捏造出不同风格时期的孙悟空。并通过之前捏造的小情景，把孙悟空在取经路上遇到的种种情况也捏造了出来，成功完成100个孙悟空——百变孙悟空。教师运用主线贯穿策略中的问答法，引导幼儿不断想象，提出问题并解决，引出新的问题再解决。比起教师直接介入告诉幼儿捏什么样子的孙悟空，幼儿被动接受的、灌输式的浅层学习，幼儿在充足的时间内便于深度探究，从而更好地自主解决活动中的问题。

在整个活动中，教师运用了多元化的支持方式，情感支持、技能支持、经验支持、材料支持等，促进幼儿全方面发展。幼儿的发展不仅仅只是搭建技能的发展，而是包含了五大领域，在每个案例中体现了幼儿很好的学习品质，提高了多种不同的能力。

（北京市通州区临河里幼儿园 大班"百变孙悟空"案例 李颖）

（三）在反思中助推调整改进

教师的支持与指导只有在实践中反思、在反思中实践的交替循环才能完成一场蜕变。教师通过教育诊断、自我反思，发现自己在支持与指导过程中出现的问题，通过自我对话、同伴互助、教科研引领等不同的方式，改进、调整自己的教育行为，既可以改善幼儿的学习方法，促进幼儿的发展，又能加深教师对活动组织的反思能力，促进其更好组织下一次活动。

学习故事

研究前：

今天你来到科学区，探索物体的影子，你站在科学区的玩具柜前，观察了一圈之后，拿来了透明相框里的塑料片，然后走到窗台边到有太阳光的地方寻找影子，当看到窗台上照射出来的影子时，一旁的派克说："透明的物体也有影子，你看你这个了相框不就有影子吗？"于是你说："那是因为上边有划痕，所以才有影子的！"派克说："不是这样的。"你理直气壮地说："透明的物体就是没有影子！"见状，于是我进行了介入，我吃惊地问："啊，是这样吗？"满满说："是呀，我刚才都已经验证过了！"我说："那我怎么觉得透明的物体是有影子的呀！"在我的质疑下，满满说："那怎么办？到底咱们谁说得对呢？"我说："那要不咱们多验证几次？"满满说："那怎么验证啊？"派克也说："是啊，要怎么验证啊？"见他们两个大眼瞪小眼，你看看我，我看看你，没人说话，于是，我说："那咱们再多找几个透明的物体，就知道透明的物体到底有没有影子了！"满满说："这个方法听起来不错！"于是，在我的建议下，你们又开始寻找到其他物品，这次，你找来了彩色透明色片，并将色片放在窗台上。"哇，派克，你快看，居然

出现了彩色的影子！"派克说："我看到了，因为这个色片是彩色的。"满满说："因为色片是彩色的，也不能说明透明的物体有影子呀！"于是你又找来了透明试管，跑去窗台上验证，结果这次也出现了影子。经过三次更换材料、坚持不懈的探索，你终于找到了答案，你大声地告诉小朋友："原来透明的物体也是有影子的！"

我们支持什么样的学习在这里发生了？（关注儿童能做的和他们的长处）

今天你提出的问题让我很是惊喜，因为在探索影子的游戏中，还没有小朋友提出"透明物体没有影子的问题"，问题的提出让人充满了好奇。你先后选择了三种不同的物体，要验证你的猜测，虽然在这中间有小朋友提出质疑，但是你依然充满热情，积极寻找答案，最终在你的坚持不懈的探索下，终于自己发现了正确的答案。我相信这一段探索经验，会铭记在你的心中。

机会和可能性

1. 将你探索的结论：透明的物体也有影子；新的发现：彩色的影子，两个影子的秘密。与小朋友分享，让更多的小伙伴参与到影子探索活动中来，让我们一起发现吧！

2. 投入彩色膜、颜料、色素等材料，支持你用不同的方式探索彩色的影子。

3. 我会将这则学习故事分享给你的爸爸妈妈看，鼓励爸爸妈妈利用家中的资料，带你一起探究更多关于影子的游戏，进一步丰富你的经验。

研究后：

你在观察星空投影仪的时候说："咱们做的投影仪太难了，我觉得只需要一个放图形的圈就行了，别的都可以不用要了！"我说："那你觉得什么可以当这个圈呢？"你说："那我们去美工区找找看吧！"于是，你来到了美工区，在美工区辅材柜里找来了纸杯，说："七七，你看这个纸杯不就是一个圈吗，用这个试试吧！"七七说："行，好的，那我在纸杯上画个小汽车吧！"说完七七就拿来了水彩笔画了起来，画好后去影子小屋观察，你打开手电筒后说："只有一个纸杯的影子，看不到小汽车！"于是我说："看不到你们刚才画的小汽车怎么办？"你盯着纸杯的影子看了一会儿说："要不咱们把上边、下边都掏空，打个眼试试吧！"征求七七的同意之后，两人一起寻找剪刀进行探索。

首先你拿起剪刀在纸杯上边扎出一个洞，然后沿着洞将剪刀放进去，转圈将杯底剪下。然后你问七七："你觉得掏空会有用吗？"七七还没有作答，你又说："我觉得可以吧！"耐心修剪好后，你说："我觉得还需要再在下边打个孔。"于是去美工区找来了压花器，打了三个图形后，开始去寻找影子。七七说："怎么看不见啊？"你说："等会儿，我用手转一下纸杯试试。"七七说："有一点儿了！"你说："为什么只能看到一点点？"于是，我重构你的问题："对呀，为什么只能看到一点点呢？"你观察了一会儿说："哦，我知道了，因为光被后面的纸杯挡住了！"我说："对，那怎么才能让后面的纸杯不挡住光呢？"你想了一会儿说："我知道了，在后边再打个洞就行了！"我说："好的，那你们去试试吧！"

从影子小屋出来之后，你继续为纸杯压花打孔，其中还更换了不同形状的压花机。打了一圈之后，七七说："够了，够了，我们先去看看吧！"这一次，当你将手电筒从纸杯口上边照进去时，发现白色墙上有一圈图形。在区域分享的时候，你告诉小朋友们今天的发现："要是在纸杯上打一个孔，不能投在墙上，因为后边的纸杯挡住了光，所以小朋友要多打几个孔，这样前面的光从小洞就能穿到后边的小洞里，然后光线就能照到墙上！"

在游戏中，我看到你具有丰富的想象力和创造力，你能从美工区多样的辅助材料中，挑选出一次性纸杯，并尝试使用纸杯材料制作投影仪的方式真是令我大开眼界。在制作过程中，你能跟七七小朋友友好合作，积极提出自己的想法，同时还能够主动与教师交流，接纳教师的意见，在教师的启发中寻找到让更多图案投影到墙上的方法。同时，在今天的探索中，你还能够主动观察实物星空投影仪，与自己制作的投影仪进行对比观察，从而发现存在的问题。在你们反复的、不断的尝试中，终于成功了。区域评价环节请你为小朋友分享经验，促进同伴间相互学习，同时，你还提出了将纸杯投影仪投放在角色区，与皮影戏表演相结合，供小朋友讲述新故事使用的建议，你的建议得到大家一致的认可，真为你感到自豪。

机会和可能性

1. 结合科学区"影子变变变"的主题活动，继续开展"我看见多个影子啦""三棱镜——彩虹"等光影活动，创设丢丢感兴趣的探究环境；当丢丢遇到困难时，提供更多的材料供其选择，让丢丢继续保持积极的探究兴趣。

2. 把教师拍摄的视频、照片以及丢丢制作的纸杯投影仪向全班幼儿进行展示，让大家感受丢丢的进步，学习他解决问题的方法，让丢丢在体验成功的同时获得更多的自信。

3. 带领丢丢及班级幼儿观看制作纸杯投影仪的过程，了解制作的原理。

4. 在图书区投放认知类、科普类图书，供幼儿阅读，引起讨论，鼓励其分享。

5. 鼓励幼儿发挥想象探索出更多制作纸杯投影仪的方法。

6. 将这则学习故事以及视频分享给丢丢的爸爸妈妈看，鼓励爸爸妈妈创造更多的机会和条件，多带丢丢进行科学探索，进一步丰富相关经验。

（北京市通州区临河里幼儿园 大班"光影游戏"案例 罗帅）

通过深度学习研究前和研究后两段学习故事的对比。首先，可以看出教师从教育观念上的转变，研究前的学习故事，幼儿对影子感兴趣，使用塑料片探索透明物体是否有影子。当幼儿说透明物体没有影子时，教师直接介入说出答案：我觉得透明物体有影子。教师把答案和自己的想法说了出来，以此引发幼儿直接探究。在研究后的学习故事中，幼儿能从美工区多样的辅助材料中，自主挑选所需材料，尝试使用纸杯制作投影仪。在本次活动中，幼儿遇到困难时，教师没有直接说出答案，而是采用了问题引领的策略，通过启发式提问和分析式提问引发幼儿深入思考，不断操作和调整，最终完成了投影仪的制作。这说明，伴随深度学习的开展，教师的教育观念有了很大的提升，从直接介入，说出答案到问题引领，适时启发，体现出教师能够捕捉幼儿的问题，珍视幼儿自主探究、寻找答案的行为，教师在区域中支持幼儿深度学习的意识和能力有了明显的提高。

其次，研究前的学习故事中教师运用了分享策略、材料投放策略、家园合作策略支持幼儿下一步的探索。经过深度学习的开展，研究后的学习故事中教师运用了环境支持策略、活动观察策略、问题引领策略、判断支架策略、拓展建构策略。可见，教师在区域中支持幼儿深度学习的策略逐渐丰富，并能够专注对幼儿活动的观察与分析，较为正确地把握幼儿学习和发展的阶段性特征，寻找幼儿发展的机会，判断幼儿在区域活动中可能获得的宝贵经验，提出有效的支持策略，让幼儿更加自信地对待下一个挑战。

再次，通过对比可以看出随着区域中深度学习活动的开展，教师自我反思与分析的能力有了很大提升。如研究前，教师直接介入幼儿的光影游戏，忽视幼儿的游戏意图，支持策略不聚焦。研究后，教师及时反思了自己的教育行为并进行调整，追随幼儿的兴趣和需要，分析幼儿的已有经验和游戏行为，提供了行之有效的支持策略。通过同伴合作、交流分享等不同的方式引导幼儿将已有经验迁移和应用，建构起新的知识体系，对自己和同伴的想法和做法进行批判，从而促进幼儿深度学习的发生。

二、区域活动中的深度学习促进了幼儿园保教质量的提升

（一）理念引领，支持学习

本研究是我园内涵发展需求下落实《幼儿园教育指导纲要（试行）》《3-6岁幼儿学习与发展指南（试行）》《幼儿园工作规程》精神的新思考，是对尊重幼儿发展的个体差异，重视幼儿在活动中获取直接经验，建构新经验理念的新思考。这些纲领性的文件体现出我国幼儿教育课程改革更加向着"活动""经验"转变，更加关注"学习者"的体验；更加注重"幼儿与环境的互动中主动学习"。通过开展区域中的深度学习活动，我园教师深刻地理解和内化了这些先进的教学理念，在深度学习中能够将理念真正落地，运用多种策略激发幼儿主动探究兴趣；注重教育内容贴近幼儿生活；力求将幼儿所学知识迁移到现实生活中去，解决生活中的问题。一个个生动的深度学习案例就是我园教师教学理念与实践相结合的突出成果，支持着幼儿的深度学习。

"小蚂蚁的家"

1.起源：班里来了很多新朋友"小蚂蚁"，小朋友们对它们很好

奇。每次在区域活动的时候，他们都会去观察小蚂蚁在干什么，还会从家里拿水果给小蚂蚁们，这时有一位小朋友说："小蚂蚁还没有家呢，咱们去给小蚂蚁们搭一个家吧。"所以我们围绕着这个角度出发，进行了主题活动。

2. 活动过程

（1）第一次尝试

①无顶的房子

小朋友们选择建构区决定给小蚂蚁搭一个房子，让小蚂蚁在家里吃东西、做运动。他们先选择长条宽的积木先打好地基，然后用长条积木进行围拢。在区域点评时，我保留了幼儿的作品，并问幼儿在这过程中有没有遇到问题，幼儿说长条积木在搭建的时候容易倒，可以换矮一点的积木。这时我说："你们说小蚂蚁喜欢什么样的环境呢？""喜欢没有阳光的，潮湿的环境。""它们搭的房子没有房顶。"那我们下次给小蚂蚁的家加上顶棚，可以给小蚂蚁遮风挡雨。

为你点赞：在这个活动中，幼儿能够主动参与、积极搭建、充分探索给小动物搭家，体现了深度学习主动与探究的特征。

这样支持你：在这一过程中，教师运用了启发式策略中的话题法，观察到本班幼儿感兴趣的话题，老师所做的就是要为幼儿创设宽松的游戏环境，激发幼儿搭建的兴趣，给予幼儿充分的时间进行经验运用。

（2）第二次尝试

①有顶的房子

第二天他们又来到了建构区，依旧用围拢的方式进行搭建，他们发现小蚂蚁的家没有顶，他们决定给加上房顶，先找来一块短积木，发现房子太大，积木无法架在房子上，这时旁边的萱萱递来一块长条积木，刚好可以放上去，随后他们又拿很多块这样的积木进行平铺，最后完成。在区域点评的时候，我说："你们可以把小蚂蚁的家搬到植物角吗？"几个小朋友一起准备搬运蚂蚁的家，发现家没有办法完好地放到植物角，而且积木块太大了，植物角放不下，"那你们想想办法怎么才能让家搬到植物角呢？""可以把家做得小一点儿。""好那下次可以试一次。"

为你点赞：在搭建中，幼儿主动寻找可利用的材料，在发现不合适的时候及时找可替代的材料，体现了深度学习中迁移与应用的特征。

这样支持你：为幼儿提供所匹配的游戏材料。

（3）第三次尝试

在上次给小蚂蚁搬家不成之后，幼儿选择了不同的材料，这时看到玻璃柜里有泡沫砖，猫猫说："这个轻，可以作为小蚂蚁的家。"随后拿出泡沫砖进行围拢跟盖顶。在区域结束后，幼儿一起把蚂蚁的家搬运到了植物角，然后让小蚂蚁成功入住。

第二天小朋友来到班里立刻就到植物角去，这时一个幼儿大声说道："小蚂蚁跑出来了。"我问："小蚂蚁为什么会从家里跑出来呢？""老师你看这里有好大的缝，这里也有。"

为你点赞：在搭建过程中，你通过上次搭建发现积木太沉这个问题，找到了相对较轻的泡沫砖进行探究性操作，体现了深度学习的迁移与应用这个特征。在搭建完成后，先让幼儿搭建的家让蚂蚁去"试住"，让幼儿自己去寻找问题在哪儿，体现深度学习中主动与探究的特征。

这样支持你：教师用观察法，在幼儿搭建时没有过多地介入幼儿的游戏，并且在当幼儿完成时，教师没有立刻指出问题，而是用鼓励尝试法。

（4）第四次尝试

你们这次还是选择了积木，吸取了之前的经验，你们把积木横着摆，这样搭建的房子会更加牢固，依旧采用了围拢和堆高的的方式，并且这次把小蚂蚁也请了过来，这样可以搭建适合它们的房子。在完成后还把小蚂蚁放进去，看看房子会不会太大或者太小，在完成之后就把蚂蚁的家搬到了植物角，请蚂蚁们住了进去。

为你点赞：在前几次的搭建经验中，你还是选择第一次搭建所用的材料，变换了一种搭建的形式（横着搭建），发现搭建的房子既牢固又紧实，并且可以和同伴合作完成，非常棒，体现了深度学习中主动与探究的特征。

这样支持你：教师全程采用观察法，没有过多去干预幼儿的游戏，在幼儿完成后及时给予鼓励。

教师的发展：

①让兴趣成为幼儿游戏的支撑

整个活动的开展源于幼儿的兴趣，这种兴趣促使他们能在较长的一段时间持续参与建构活动。在活动中，他们为小蚂蚁搭建坚固的"家"，尝试用不同的材料，不同的方法去搭建。

②提供多样的材料是重要支撑

"游戏材料的提供，对幼儿起着游戏暗示的作用，刺激幼儿选择了某种游戏方式，表现出不同游戏行为，间接地对幼儿的发展产生作用。"由此可见，游戏材料的提供决定了幼儿与材料互动的质量，也决定了游戏的质量。

（北京市通州区临河里幼儿园 案例"小蚂蚁的家"小班建筑区 苏晓蕊）

在案例中，我们能够看出教师对幼儿"深度学习"的思考，以往我们在分析幼儿活动时，更多的是描述幼儿的发展现状，但在案例中，教师聚焦到深度学习的特征与学习的方式进行更加准确的识别与分析，并在不断的支持中，使幼儿的学习过程呈现出动机深、目标深、方法深、结果深。在教师和幼儿一起探索"深度学习"的方法中，幼儿的深度学习是伴随着教师的深度思考，教师的深度思考助推其理念的提升，教师从学习理念、实践理念到深化理念，有效促进了其专业成长。

（二）加强实践，形成成果

通过研究我们重新审视我园的区域活动中幼儿发展，教师组织支持的能力。从区域设置、材料投放、选择活动主题、提供有效支持等多角度分析教师在区域指导中的问题。在原案例中分析教师的原经验，基于教师的原经验，引领与建构幼儿深度学习的教师支持策略。围绕主动与探究、理解与批判、迁移与应用、联系与建构深度学习的四个特征对幼儿的活动进行观察、分析、引导、支持。在研究期间，我园小中大班形成并开展了80余个区域中深度学习的主题，不仅提升了幼儿深度学习的各项能力，而且丰富了教师支持幼儿深度学习的策略，同时，也提高了教师组织主题活动的能力。

教师和幼儿获得的实践经验会继续运用到第二次的实践中，不断验证和丰富，促使着深度学习的深入发展。在幼儿阶段开展深度学习，可以让教师关注幼儿游戏中的潜在学习，了解幼儿现有的发展阶段，并提供系列富有意义的游戏和课程，促进幼儿的深度学习。教师在关注幼儿深度学习、设计游戏和课程中，也需要不断进行联系与建构、理解与反思、迁移与运用，需要经历识记、理解、运用、分析、综合与评价6个层次，与幼儿同成长，提高自身专业素养。

建构区——"搭建乌篷船"

建构区是幼儿最喜欢的区域之一，建构的魅力在于运用简单的积木进行无限的想象、创造。4—5岁幼儿往往是在建构前就宣布自己建构的物品名字，表明建构的目的性、计划性的提高，随着建构技能的掌握，幼儿根据自己的想法和愿望来建构的能力进一步增强。

近期幼儿对班中的"江南"主题非常感兴趣，何林起说想在区域时间搭建出一艘乌篷船来，让我们的班级更有"江南"的氛围，为了支持幼儿更深入地搭建，我们一起找来了乌篷船的照片，讨论乌篷船的结构特征，有的说："船身是斜着的。"有的说："船头是尖尖的，船的棚子像是编织的。"于是，根据幼儿的年龄特点和搭建技能的难易程度，我们开展了"乌篷船"区域小主题活动，探究幼儿在活动中获得和谐发展的方法和途径，以促进幼儿全面健康的发展。

游戏前——丰富经验，创设环境

生活经验是幼儿建构游戏的基础，当建构游戏的主题确定后，就应充分利用各种形式和手段丰富幼儿的经验，这样才能保证幼儿能玩得起来。因此，我在教育活动时间带领幼儿观赏了乌篷船的图片和乌篷船的模型，带领幼儿一起来说一说自己印象中的船，我发现我们班的幼儿对乌篷船还是有一定的认识的，他们说出了乌篷船和别的船的一些区别，比如他们知道乌篷船是江南水乡独特的交通工具，篷子是用竹片编织而成的，船的两头尖尖翘翘的。在我带他们欣赏完乌篷船照片后，我又鼓励他们用彩笔画出了自己设计的乌篷船，许多小朋友都画得特别好，有的乌篷船有大大的篷子，有的篷子下面还能吃饭、喝茶，有的小朋友还画出了拿船桨在划船的人，非常的生动。于是，我把他们的画投放到了墙饰中。教师可通过参观、欣赏、收集资料等各种形式加深幼儿对搭建内容的了解，观看乌篷船图片使幼儿获得了对乌篷船的直观印象，绘画乌篷船使幼儿加深了对乌篷船的印象，丰富幼儿对周围生活中物体形象的经验，经验积累越深厚，幼儿搭建的内容越丰富。

教师在活动中的支持策略：

1. 语言引导，激发幼儿深度思考

在幼儿第一次搭建乌篷船后，我带领幼儿观察乌篷船模型说："你们看乌篷船的船身是不是有弧度的呀？你们的乌篷船船身是什么形状的呀？"何林起说："老师，我们的是长方形的！我知道了，我们要想办法把船身改造成有弧度的！"于是，何林起找来了尽可能多的长方体的积木，想要把它们摞起来，他将每一次放在上边的长条形积木都向外挪出了一点点距离，这样就可以让几块摞在一起的积木变成一个有倾斜角度的整体，但是随着高度的增加，积木越来越放不住，容易倒下来，何林起和琳琳面对眼前的问题开始商量了起来，最后何林起想出来一个方法，用小长方体的积木当作一个支撑体，就可以防止船身倒塌了。于是幼儿成功地搭建了一个有弧度的船身。

第一次自主搭建游戏中，教师从作品中可以看出幼儿对乌篷船的结构认识不足。教师追随幼儿的兴趣，以追问的方式引导幼儿进行深入讨论。从幼儿的交流和讨论中，教师让幼儿带着"船身是什么样子的"问题进行探究。通过观察模型的结构特征，观察乌篷船的结构特征，幼儿对乌篷船的结构有了进一步的认识，因此，幼儿的建构兴趣再次被激发，积极而投入地进入游戏状态。

2. 组织讨论，不断探索大胆创新

林林和晨晨用围拢的方式，不一会儿就把篷子的两侧搭建好了，但是也遇到了一个问题：用这种小型的积木是没有办法把船身两侧的篷子连接起来的。幼儿想了好久都不知道用什么方法连接，于是，我利用区域点评的环节，组织幼儿一起讨论该如何把篷子连接起来，幼儿想出了许多种方法，比如：换长一点的积木、利用辅助材料做篷子，最终我们决定给篷子用积木做一个支架，用大一点的积木，在船身内测搭建一个支架，创造一个高的平面，然后再把两侧的篷子用小积木搭在大的积木上，连接在一起。通过组织讨论，既提升了幼儿发现问题的能力，又能够通过讨论让幼儿的想法互相发生碰撞，产生新的火花。

3. 充分调动，发挥主动性和创造性

林林一开始用长方形积木搭出来了一个长方形的篷子，搭完后开心地请琳琳来欣赏，结果琳琳说："图片中的乌篷船的篷子好像是编织的一样。"于是，孩子们陷入了沉思，这时候我对他们说："你们可以尝试把篷子的设计图先画出来。"幼儿画完后，发现篷子是需要很小积木的积木才可以搭出来编织的效果，于是他们来到积木柜边，寻找合适的积木，幼儿发现在一个大盒子里有很多长条的小积木，何林起说这样的小积木会让篷子有一种很精致很紧凑的感觉，最终，何林起和琳琳用围拢的方式把篷子搭好了。在建构活动中，应该让幼儿成为活动的主人，幼儿在游戏中是自主的，他们可以决定游戏的材料、建构的方式、合作伙伴等，游戏中教师应引导幼儿按照自己的意愿选取材料，鼓励幼儿自己解决游戏中出现的问题。

教师的思考：

在游戏中幼儿会遇到很多问题，有时只是细小的瞬间，所以需要我们细致的观察。追随幼儿的脚步，发现可以深入挖掘的价值点，运用反馈与评价策略形成学习主题。比如在活动中我选择区域观察的方法，捕捉到像有弧度的船身这样类似的深度学习的价值点。在幼儿遇到困难时，我会运用主线贯穿策略中的问答法，根据幼儿的反应，提出一些发散性或聚敛性的问题。比如搭建船身时我会提出："是什么原因导致它立不住呢？"激发幼儿积极思考，促进幼儿进行分析，提出解决方案。有时在区域活动中没有解决的问题，我们会运用反馈与评价策略。在回顾环节，利用视频和图片的形式，引导幼儿发现问题，提出猜想，第二天行动验证，提高幼儿解决问题的能力。在整个活动中，我运用了多元化的支持方式，情感支持、技能支持、经验支持、材料支持、环境支持、墙饰支持等，促进幼儿全方面发展。

（北京市通州区临河里幼儿园　案例"搭建乌篷船"中班建筑区王帅）

在案例中，教师能够基于幼儿的已有经验、立足幼儿的游戏兴趣、紧抓幼儿的发展目标，建构有学习价值的区域主题活动，摒弃了以教师预设为主线的引导式活动，而是在与幼儿的深入交流中，去发现、挖掘活动，最终师幼共同达成一致。在活动初，更加考验教师对活动价值的把握和对幼儿已有经验分析的能力。在活动中，教师每一次的支持都指向了建构区的核心目标，抓住了搭建中的重难点，运用多种策略聚焦了建构中的问题、拓展了关键经验、延续了游戏的发展，有效促进了幼儿多元能力的发展，切实提升了保教实践能力。

（三）夯实研究，提升质量

伴随深度学习的进程，园内开展了多种形式的教研活动：行政教研、全园教研、年级组教研等。提升了园长、保教主任、教研组长的教科研能力。同时，北京市名师工作室的专家老师们给予了专业有效的指导，实现了教科研引领教师专业成长的最终目的。通过本课题的研究教师在撰写论文、各项评比、展示活动中等均有了明显的提高，其中论文获奖率达到63.7%，排名成绩提升了45.5%，上交论文的数量提升了36.8%，展示机会提升89.9%，全面提升了教师的专业水平，促进了幼儿学习能力的发展，提升了教师的教科研能力。

此外，深度学习特别关注学习过程是如何具体开展和迭代推进的。对幼儿园而言，开展深度学习，有利于建构连续、有特色的课程体系，提高幼儿园的课程质量。从学段上看，深度学习的发展是自上而下，从中小学阶段向学前教育阶段延伸。深度学习作为学前领域新的学习理念，对当前我们反思幼儿园游戏中的一些问题具有重要作用，对园所教师的科研能力的培养也有很重要的作用。

干部教研引领案例："一观二思一引领"中助推

——"角色区中提升小班幼儿问题解决意识"的策略思考

一观：观察、识别分析在前

作为一名保教干部，要多下班观察，了解幼儿及教师的情况，收集一手资料，才能"对症下药"。

案例：小班幼儿在角色区域活动中的表现：

片段1. 豆豆小朋友在玩"厨房煮面条"的游戏，她把"面条"放在锅里面，可是锅里的水洒在灶台上，她急忙转过身去找老师："老师，快过来帮帮我，锅里的水洒出来了怎么办？"

分析：小班幼儿年龄小，解决问题的意识相对较弱，总是想依赖成人。

片段2. 天天与洋洋分别在角色区中游戏，他们同时想坐小凳子，于是两个人就争抢了起来，谁也不放手，急得互相告状"老师，他抢我的凳子"，他们都叫老师帮忙解决问题。

分析：幼儿年龄小，以自我为中心，具有很强的主观性和随机性，在遇到矛盾冲突时不懂得谦让、合作，发生争抢玩具行为的频率较高。

片段3：角色区游戏中，几个小朋友总是追随着教师游戏，同伴间缺少沟通与互动，当教师离开此区进入其他区域时，他们还是跟随着教师，放弃本来进行的游戏活动。

分析：小班幼儿游戏的稳定性较弱，生活经验少，游戏内容单一，喜欢追着成人游戏，给他们带来安全感与新鲜感。

片段4：区域活动中，有三个小朋友在参加游戏：爸爸在客厅找东西，妈妈在照顾宝宝，奶奶在收拾整理沙发，大家都在忙着自己的事，看着玩得很热闹，游戏也很顺畅，但家庭成员之间没有互动交流。

分析：小班幼儿受年龄特点的限制，以自我为中心，多数是玩平行游戏或者是独自操作材料，生活经验较少，也不能迁移到游戏中，再现生活情景。

二思：善于思考，及时"诊断"

当发现了问题，及时分析，查找原因，引发教师进行思考研究。

第一思考孩子游戏中出现问题的原因

小班幼儿游戏典型的特点：

1.幼儿很喜欢参与角色区游戏，但他们还处在独自游戏、平行游戏的高峰期，游戏行为以模仿他人或独自玩玩具为主。

2.遇到问题或困难就找教师帮忙，如果教师不参与到幼儿活动中，就会出现幼儿百无聊赖闲逛的游戏状态：如游戏不够深入，争抢玩具等等，或者导致游戏停滞不能顺利开展。

3.缺乏角色意识，游戏中的兴趣和注意力不稳定，极易受外界因素的影响。

4.游戏中的动作交往多于语言交往，更多地依赖玩具进行游戏，满足于玩具的摆弄之中，缺乏交往能力。

5.游戏中反映出的内容比较简单，情节比较单一。

第二思考教师，分析出现问题的原因，并查找"症结"

基于以上问题，我通过访谈的形式，了解教师对幼儿出现的游戏情况的一些想法：

1.教师在教育观念上尊重幼儿的年龄特点，而忽略了对幼儿解决问题的意识培养。

2.没有真正放手，给予幼儿解决问题的机会。

3.教师担心出现安全问题，总是及时给与帮助及指导，幼儿没有思考的空间。

4.教师培养幼儿解决问题的策略单一，缺少针对性。

情况分析：针对教师的情况，我与大家一起讨论：虽然小班幼儿受年龄特点、思维模式、动作发展等方面的制约，解决问题的能力相对较弱，请大家回忆，小班幼儿有没有自主解决问题的情况发生。大家列举出生活中幼儿自主解决问题的案例，说明小班幼儿有自主解决问题的意识与能力，但是怎样激发、培养幼儿解决问题的意识，引发教师带着任务去思考实践。

因此，我们开展了教研活动，引领教师探索"在角色区中提升小班幼儿问题解决意识的策略"的研究，助推幼儿深度学习。

一引领：多措并举，促进发展

1.保教管理者要善于指路子，搭架子。

（1）引导教师发现问题，进行反思

提升教师的问题意识，与教师一起观摩幼儿游戏（视频）。分析情况，教师发现游戏进行得很顺畅，无波无澜，幼儿这种游戏状态正常吗？教师分组进行讨论。分析幼儿出现问题的原因：结合自身经验谈一谈自己的想法与感受。自主思考想办法：支持幼儿自主解决问题的策略。

（2）开展教研，重拾问题，创设教师间学习平台

为教师提供学习交流策略的机会，每个班结合实例，分享自己的做法，教师间相互启迪，取长补短。

（3）在工作中实践，使教研策略落地。

教师们在工作中进行实践，针对出现的不同问题，有针对性地实施策略，逐渐提升幼儿解决问题的意识与能力。

教研活动后要善于反思

源于教师实际需要：本次教研活动，从幼儿园的实际出发，从教师的需求入手，共同研究培养小班幼儿萌发自主解决问题意识的策略。

过程具体，层次清晰：以案例入手分析——观察幼儿行为——发现存在问题——寻找原因——研究讨论——分享交流经验——实践，通过层层递进的方式，促进教师拓展和重构自己的经验与理论，使原来属于个体的经验与资源，成为共享的群体资源。

教研落地：基于对幼儿能力的一种观察、识别和分析，引导教师把适宜策略运用到幼儿的生活、游戏当中。帮助教师解决了教育教学实践中遇到的问题，有的放矢的实施教学策略，使园本教研更具有针对性。

（北京市通州区临河里幼儿园　教研反思案例　刘杰）

通过案例我们发现，保教干部能够聚焦教学一线，掌握一手材料，带领教师去发现和思考问题，这也帮助教师明晰了研究的重点与研究的思路，使教师实现整体教学的优化。在研究中，创设交流讨论的平台，

强化对教师思辨能力的培养，引导教师对幼儿行为产生原因、对自身教学行为实施效果进行多角度的识别与分析，有效增强了教师的思考力、理解力，助推教师将先进的教学理念与教学方法合理地运用到幼儿活动中，从而有效支持幼儿的进一步探究。

（四）梳理总结，实现发展

在深度学习开展的过程中，教师根据本班幼儿每个阶段开展的深度学习主题及时梳理深度学习案例，并在教研活动中研讨出适宜的案例模板，规范了深度学习案例的撰写方法。此外，教师随着教研活动的开展梳理总结了四环节支持策略，并运用到实践中，检验策略的科学性和有效性。因此，才能形成全园的深度学习的案例集，及时总结出深度学习四个环节的支持策略，丰富了教师支持幼儿深度学习的策略，最终实现幼儿的成长和发展。

中班幼儿角色游戏中深度学习的指导策略

幼儿深度学习是指幼儿在教师的引导下，在较长的一个时段，围绕着丰富、有挑战性的课题，全身心地积极投入，通过同伴间的合作与探究，运用高阶思维，迁移已有经验，最终解决实际问题的有意义的学习过程。

"彩虹萝卜站"中幼儿活动现状

本学期班中角色区开展了"彩虹萝卜站"的游戏，在本次活动开始之前，教师和幼儿一起商讨了美食外卖店名字的确立，在开店之前都有哪些准备活动，幼儿总结出了开店前需要先装修外卖店，打扫房间，制作身份卡和菜谱。美工区幼儿将萝卜美食投放到了角色区，并帮助角色去创立了"本店招牌菜"的墙饰，角色区的幼儿制作了外卖店员工的身份卡，分别制作了外卖员（两个）、收银员、打包员和厨师。教师根据美工区幼儿制作的萝卜美食，和幼儿一起商讨了每个美食的单价，并制作了一套菜谱。前期准备工作完成后，做区域计划时，幼儿纷纷开始选择去角色区玩。在游戏的过程中，幼儿前后遇到了角色空缺，没有顾客来订餐，厨房没菜了，顾客钱不够等问题。

角色游戏中幼儿深度学习的指导策略：为了更好地促进幼儿在角色区中深入学习，培养幼儿发现问题、解决问题的能力，我总结出了以下策略：

（1）提供丰富材料，满足幼儿游戏需要

教师要鼓励中班幼儿自主选择游戏材料，开展角色游戏。这对促进中班幼儿的同伴交往能力大有裨益。在游戏开始之前，教师也提供了丰富的材料，例如：小车、外卖箱、餐盒、餐具、收银机、"钱币"等等，支持幼儿游戏，丰富的材料准备是幼儿顺利开展游戏的前提和基础，新颖的游戏材料还可以激发幼儿的游戏兴趣，促进幼儿在游戏中进行深度学习。

（2）积极创设环境，激发幼儿活动兴趣

环境与经验和学习之间有密切关系。支持性环境能为幼儿提供更多积极体验、自主探究、协商合作、思考和创造的空间，进而引发深度学习，促进幼儿认知，语言和社会性等全方面发展。为了幼儿能够熟悉角色区工作流程，在角色游戏中与别的幼儿合作，教师要鼓励幼儿自主创设环境，提升合作能力。在开店之前教师和幼儿一起收集和制作"彩虹萝卜站"所需要的材料，例如：身份卡、菜谱、订单卡等等，教师和幼儿一同装修了外卖站，创作了本店招牌菜的墙饰，吸引幼儿兴趣。

（3）及时启发提问，引发幼儿思考

幼儿教育的主要方式是通过语言的交流逐步完成的，可见语言在幼儿教育中起到着非常关键的作用。启发式语言多以教师的提问为主，教师提出各种各样的问题，通过不同的问题来激发幼儿的思维，实践证明，问题可以激发幼儿的思考，而思考又是创新的开端，所以教师要注重启发式语言的应用。

在"彩虹萝卜站"的角色游戏中，角色区的小员工们打扫完店内的卫生之后，美食萝卜站就开店啦。很快，小顾客就来订餐了。收银员开始接待小顾客。当收银员出订单之后，幼儿发现店里还没有厨师。赞赞说："咱们店里没有人选厨师。"我问道："没有厨师没法做菜怎么办呢？"打包员骁骁大声地对我说："老师，我来兼职！"于是，姚一骁开始照着订单做菜了，做的是萝卜素丸子，只见他把食材倒在了电饭煲里，把盖子盖上，然后按下面的按键开关，开始蒸煮了，骁骁不时地开盖看一看里面菜有没有煮熟。过了一会儿，菜煮熟了，骁骁又按了下开关，打开盖子，将丸子盛了出来，把它放在餐盒里进行打包。打包好之后，骁骁将餐盒交给了快递员毛豆，并把订单卡给了毛豆。

案例中，教师根据幼儿遇到的问题，进行了有效提问，引发幼儿思考解决问题的方法。在提问中意识到提问的有效性是非常重要的。因此，在启发式语言运用的过程中，教师的提问内容要把握得当。

（4）适时反馈评价，树立幼儿信心

在每次孩子们努力解决了问题时，教师要及时针对幼儿的行为进行评价总结，对幼儿进行正向反馈，强化幼儿自主解决问题的意识，也增强幼儿的自信心。

一次角色游戏中，麦芽来到了美食站，对收银员毛豆说："你好，我想订一盘萝卜饺子。"毛豆和之前一样收钱，出订单，但是当毛豆要拿萝卜饺子的时候发现店里的萝卜饺子卖光了。于是，毛豆和外卖员说："帮我看一下店，我去请美工区小朋友帮咱们做萝卜饺子。"毛豆来到了美工区，问大家："谁想帮美食站做萝卜饺子啊？"蜜芽小朋友大声地说："我来做。"过了一会儿，蜜芽端着一盘萝卜饺子来到了美食站，将萝卜饺子递给了毛豆。毛豆开心地说："谢谢蜜芽，欢迎你来店里点餐，有优惠！"我对毛豆说："你能想到请美工区的小朋友来帮忙，真是太棒了！"

教师及时观察幼儿的游戏情况，在幼儿成功解决问题之后，对幼儿进行正向的反馈至关重要，教师应准确把握评价的时机，给予幼儿及时的评价，有利于提高幼儿解决问题的能力。

幼儿通过参与"彩虹萝卜站"的角色游戏，幼儿从不了解外卖店，逐渐地熟悉了外卖店的开店前的准备工作，店里需要哪些设备，并且幼儿亲手进行制作，增加了幼儿的游戏参与感，此外幼儿知道了外卖站都有哪些人员，每个角色的具体职责是什么。一开始，幼儿不熟悉自己的工作职责时出现了帮助别的角色工作的情况，出现混乱的场面，但是在一次次的游戏过程中，幼儿更加掌握了外卖店人员的一日工作流程，幼儿知晓各个角色的工作流程，并只做好自己的工作，使得外卖店运行得更加顺畅。在游戏过程中，角色区的小员工们通过与同伴合作、通过与顾客进行对话聊天，在遇到问题时请其他区小朋友来帮忙，幼儿的语言表达能力有了明显的提高，同时也提高了幼儿的社会交往能力，促进了幼儿社会性发展。教师的有效引导能够促进角色游戏中幼儿的深度学习。因此，我们要立足于幼儿的终身发展，重视幼儿的角色游戏。让幼儿在角色游戏中学习，在游戏中成长，享受游戏的快乐。

（北京市通州区临河里幼儿园 案例"彩虹萝卜站"小班角色区 邢畅）

在以往我们梳理总结过程中，更多的是罗列所有用到的方法或观点。但在本案例中，我们能够发现教师对于每个环节实施的思考、提炼、总结，满足需求——激发兴趣——引发思考——树立信心，是螺旋上升进行推进的，教师提出的观点和运用的支持策略也都指向于角色区的核心目标，比如：角色区对于材料的丰富性的把握，前期需要进行创设、制作，教师抓住要点，进行了关于如何投放材料的梳理。在每一次的梳理总结中，教师能够挖掘领域核心、搭建思维框架、寻找价值点、对接实践验证，其逻辑思维和分析能力都有了明显的提高。

第六章

区域活动中幼儿深度学习的研究助力

一、教科研管理助力

（一）营造"三互动"教科研氛围，助力教师专业"真"发展

科研带动教研，让教师在研究中学习，在学习中成长。我园市规划课题《区域活动中幼儿深度学习的支持策略研究》在全园展开。以行政教研、大教研为引领，在"三互动"中（"师徒互动"工作围绕领域教学开展相关专业提升活动。"年级组互动"围绕深度学习案例开展教师观察、分析、支持幼儿发展的经验分享。"层级互动"支持各类教师的发展），探索小班角色区、中班建构区、大班科学区幼儿深度学习的教师支持策略，在选择学习主题、理清学习目标、优化内容和方法、持续性评价四环节实践中，梳理出教师支持 10 大策略 20 个方法，深度学习案例模板及成熟案例 66 个，支持幼儿深度学习。同时，随着深度学习科研活动的展开，教师教育观念、教育行为发生了很大转变，提高了教师对自身教育行为的反思与分析能力，促进教师专业发展。

师带徒：深度学习理念下，建构区的教师指导思考

——以大班韩美林艺术馆为例

我的观察

初相识（第一次进班）

3 月份的一天，在区域时间例行巡视中，我走进了徒弟贺老师的班级。首先，进入我眼帘的就是积木散落在地上，孩子之间互不理睬、自己搭自己的，一个小朋友拿起积木一会儿铺在地上，一会儿拿起来，过一会儿拿起几块长方形和圆柱形积木开始叠高，另一个孩子说："你的

作品怎么是一面的，不是立体的？"他看了看自己的作品，有些疑问，去看韩美林的图片，看看就放下了，继续搭建。老师在一旁指挥着孩子拿积木，还时不时地用手指着说"这个积木放在这"等等。

我想刚刚开学，也许是孩子还没有投入游戏中，还没有准备好，但是，对于大班下学期孩子来说，孩子要有目的地做计划，并且愿意与同伴合作、分工，共同完成搭建。当孩子遇到困难时，愿意尝试自主解决问题。所以，我决定过一会儿再来看看。

当我回来时，贺老师正在进行区域评价。当说到建构区时，一名小朋友先来说："我把大小不同的积木连接在一起，围成了一个正方形的围墙站立起来，并用长的积木盖在了正方形的围墙上当屋顶。"下面的一个小朋友说："一点儿也不像韩美林，只是像座正方形的房子。"旁边的小朋友也点点头："是啊，不像。"这时，她又请了另一个小朋友上来分享，说说自己搭建的作品，这个小朋友支支吾吾说："我搭建的也是韩美林，我跟老师一起完成的。"这个小朋友还拿出了图片，边说边给别的小朋友看。下面的小朋友说："韩美林有一条长长的通道。"有的说："有一侧的房子是竖着的，与其他房子的形状不一样"，等等。孩子们在讨论中结束。

1.遇问题

（1）幼儿

①幼儿在建构区的常规习惯不是很好，积木摆得满地都是。收区时，还有孩子直接把搭建的建筑推倒等。

②发现幼儿对于韩美林艺术馆的特征并不了解，不知道应该如何

做，在游戏中没有同伴间的讨论和分工，各自搭建各自的，还看到幼儿缺少自主和分析问题的能力。

③当幼儿遇到问题时，有的幼儿在建构区站着，看着同伴拿玩具，有的幼儿还出现了随意串区的情况，导致整个区域幼儿没有兴趣。

④幼儿计划搭建的和实际搭建出来的建筑不符，幼儿知道要搭建韩美林艺术馆，但是搭出来的不是韩美林艺术馆而是旁边的一个建筑。

（2）教师

通过这次活动，老师能够给予幼儿空间、时间进行分享，老师能够从始至终参与到幼儿的活动中去；但是发现老师对韩美林艺术馆的特征了解不够，在计划环节老师没有观察、指导幼儿做计划，对幼儿的计划不清楚。在活动中老师急于成功，为了搭建出作品，出现高控现象，干涉幼儿太多，而且老师提供的范例材料不适宜，如图片太小、图片里的建筑特点不明显，有的图片只是韩美林建筑的一角，图片选择过于简单，导致作品与实物不符，教师对建构区的常规意识不够，使幼儿没办法专注搭建。

2. 找原因

我带着以上问题与贺老师进行沟通。

首先，让老师先进行自我反思，从幼儿活动中老师发现了什么，反思自己的不足，从幼儿常规方面提出了问题，老师很认可，知道在工作中提示幼儿比较少。老师思考后，决定出示积木满地的照片，让幼儿发现问题，提示幼儿随时收回。

随后，发现幼儿对于韩美林艺术馆的特征并不了解，在游戏中老师没有了解幼儿的计划，幼儿缺少自主和分析问题的能力，老师高控意识强。老师知道存在的问题，但是老师很茫然不知道怎样去引导幼儿，我带着老师们一起去公用建构教室挑选了一些积木，在挑选过程中，我会告诉老师选择的积木要多样，可以供幼儿自主选择，并告诉老师让幼儿充分自主游戏，老师在此过程中除了为幼儿提供充足的操作材料，还要以观察为主，老师随时关注幼儿的游戏进程，及时地发现问题，才能够更好地支持、指导幼儿。老师了解后，根据我的建议开始调整材料，支持幼儿进行搭建，同时，要关注幼儿做计划的环节，可以共同完成一个小组计划，让幼儿说一说并进行分工，每人负责一块。

最后，老师提供的图片不能更好地支持幼儿搭建，老师表现出质疑，于是，我指导老师先分析材料，提供的图片应该是多角度、近距离的建筑，在活动前老师应该带着幼儿一起来观察韩美林的建筑，让幼儿通过观察充分说一说建筑的特点，如：里面有镂空的、有的是两部分的等等，老师对我的建议有些质疑，于是，我进行了第二次进班。

亲示范（第二次进班）

为了更直观更有效地帮助徒弟，我亲自到班上给老师示范做法，首先，我通过提问启发幼儿发现建筑不是平面的，而是立体的、多面的，建筑的形状也是不同的，丰富幼儿对建筑的感知，通过观察图片，让幼儿对韩美林的建筑特点更加熟悉，激发幼儿的兴趣，随后幼儿根据小组计划开始进行搭建，不一会儿幼儿正在七嘴八舌地讨论着架起一层建筑搭法，有的小朋友说"用长方形积木"，有的小朋友说"用圆柱积木"，有的说"用三角形的积木"，在大家争执时，其中一个小朋友跑到老师那里询问哪个更好，我马上说道："你们可以都尝试一下，看看哪一个更坚实、更牢固？"于是，幼儿说干就干，最后发现还是用长方形的积木更合适。我轻轻地走到一个幼儿身边，看到他正拿着图片看自己的作品，还时不时地说，这里的窗户大小不同、形状也不同，于是，就开始去找材料准备调整一下。随后，在评价环节，我请一个小朋友来分享，他讲述了如何将基层变得更牢固的过程；我和小朋友们说："下面请一个小朋友说说她的发现"，请发现窗户不同的小朋友来讲一讲，自己怎么做的，可以请大家共同讨论解决的办法。

1. 懂幼儿

幼儿鲜明地指出了韩美林的特征，幼儿以各自不同的方式予以探索，我看到他们以积木压住积木的方式，解决了平衡问题，以对称的方式解决韩美林最底层的基础搭建，其实幼儿的想法很多样、特别，要给幼儿试错的机会，他们能够通过自己的不断尝试去解决问题，幼儿能够进行经验迁移，为继续搭建做准备。我还发现个别幼儿在搭建过程中有意识地观察到图片中的细节问题，比如：窗户的大小不同、形状不同，有的地方是镂空的，场馆之间有一条长长的通道等等。说明幼儿能够发现问题、敢于探究、愿意解决问题了。

2. 抓重点

在进班指导与老师沟通中，在评价环节，发现老师抓不住重点，通过我的示范引领在评价中应该有目的地对建筑特征进行分析、观察，让幼儿分享"平面搭建变立体搭建""对称搭建"等的方法，迁移经验，互相学习，并且在观察到细节问题时，要将重点的问题提出来让幼儿进行观察与分析，当幼儿观察到窗户不同时，老师可以用积极的语言鼓励幼儿，比如"你观察得真仔细，你还发现了什么"等等，积极性的语言影响着幼儿，发现幼儿的闪光点，给幼儿肯定，要肯定他的做法，能够促使幼儿想办法，让幼儿提出自己的建议，为下一次活动做好铺垫，因此，教师要适时适度地进行鼓励性评价。

我的收获

1. 知方法

接下来通过持续观察，从环境上刚开始只是幼儿活动后的展示照片，到后来老师能够将幼儿在活动中遇到的问题以及方法通过环境展示出来，为后续幼儿的搭建提供了支持，通过我的示范老师也看到了我的指导过程和方法，同时，启发了老师学习运用多种方法和策略。老师将材料进行调整，改变了在建构区的指导方式，在我的帮助和指导下，能够明显感觉到老师前后的变化，老师从之前多次干涉、指挥幼儿的游戏转变成了先观察幼儿，发现问题后再运用作品图片提示法、启发式提问法、合作游戏法、作品实物对比法、经验分享法等推进了幼儿的搭建活动。这样的变化不仅让老师的指导更加有效，也提高了幼儿的搭建水平。

2. 有提升

经过了一段时间的观察和指导，幼儿搭建水平也比之前有了明显的变化，从刚开始积木摆满地、状态游离、不知道搭什么，逐渐开始有计划、有目的地进行搭建，能够从幼儿的游戏中看出，幼儿对搭建的物体有了一定的了解，有了明确的搭建目标，在整个搭建过程当中总是伴随着幼儿反复的尝试，失去平衡而倒塌是幼儿常常面临的问题，屡次的倒塌看似是幼儿的"失败"但激励着幼儿进行新的思考,每一次尝试无论是成功还是失败,都为幼儿积累了丰富的经验,通过观察、讨论、分工与合作等多种行为不断地发现问题、解决问题,提高了幼儿解决问题的能力。同时,在搭建技能、语言表达能力、社会交往能力、经验迁移等方面也得到了相应的提高。

我的想法

1. 寻其根

在进班中,当发现老师高控主导意识很强,我很担心,但是不能埋怨老师的问题,要寻其根源为什么会出现这样的情况,是因为老师也很困惑,不知道如何指导幼儿,策略比较单一,在进班时要关注幼儿也要关注老师,关注幼儿的目的是对老师的教育行为的判断和评价,观察教师找出问题的成因,要多方位、多角度地进行观察、分析教师的困惑,想办法帮助教师。

2. 找方法

刚开始在给老师建议时,老师表现出质疑,觉得明明自己用到了一些方法,最终幼儿搭建时没有体现出效果。于是,通过与老师进行分析,并进班亲身示范,老师观察、学习、实践,我们再分析、再实践,在这个过程中老师也发现了幼儿的变化和进步,老师也了解到在工作中应该怎样去帮助幼儿和支持幼儿。

作为师傅对徒弟的支持光使用语言分析、支招也许不能解决问题,示范伴随指导会让徒弟直观地看到我的做法,对比自己的行为,进行反思与改进。观→析→范→比→引,能够更有效地引导他们发现问题的根源，理解背后的教育意义，有效地帮助老师改进教育行为，优化教育方法，共同促进幼儿发展。

（北京市通州区临河里幼儿园 师带徒案例 乔蕊）

（二）树立"五种意识"，提高保教干部教研引领力

我园教研中保教干部情况分析：4 名保教主任，平均年龄 37.3 岁，平均幼教工作年限 17.3 年，平均一线带班年限 12 年，平均教研工作年限 2.75 年。

自身优势：有着较为丰富的带班经验，具有工作热情、好学精神和开拓进取精神。对保教常规工作的引领与指导有一定的方法，能结合自己的经验给予教师一些针对性建议或指导。

在教研引领中存在的问题：对于"深度学习"同老师一样也是零起点。需要从自身保教观念、理念、方法上有颠覆性改变，存在挑战。

1. 树立客观分析意识，明需定向

客观分析意识贯穿于教研始终，也是实施有效教研的基础。深度学习主题是一个延续 3—4 年的系列教研，为何要选择这个主题，以及每学期、每次教研的主题、目标、内容的确定，都要在客观分析幼儿、教师的基础后明需求，定方向。

分析是一种有目的、有计划、有步骤的知觉，它是通过多种感官、多种方法等有目的地认识周围事物的心理过程。一个人的分析能力与他的知识、经验以及职业兴趣等有着密切关系。

抛问题引导干部分解问题，进行由浅到深的解决，来逐步提高观察

的积极主动性和问题分解能力。问到底，引导干部多角度、多感官去思考和分析。同时，在整个"深度学习"教研中，我们通过行政教研带着保教干部进班观察、集中分析、分解问题、预设策略、逐一破解，进而帮助干部形成了客观分析意识与能力，为教研的开展奠定了基础。

2. 树立平等对话意识，助思笃行

从教师接受指导角度，更希望得到保教干部明确的方法提示，如：娃娃家第一阶段投放什么材料；你班的光影活动孩子探究不感兴趣了，你开展这个游戏吧。这样的指导优势是见效快，指导后老师立刻能照着保教干部的说法去调整环境、投放材料，开展活动。但问题是很可能出现目前热热闹闹，过后人走茶凉的问题。其主要原因是保教干部给的方法并不是自始至终基于幼儿情况进行的跟进。

因此，在落实教研中我们谨慎直接给予教师方法，多和教师进行平等对话，在与教师复盘幼儿前期游戏情况，观察幼儿目前游戏状态的过程中，帮助教师建立观察、识别幼儿的意识。在多听教师想法，多看教师做法，多分析策略实施效果的过程中提高教师观察、识别、支持幼儿的能力。如安瑶的案例通过看、听、问、赏，引导教师自己去发现问题，自己提出解决方案，自己先尝试去解决问题，才能更好地提高教师的自我发展意识及能力。

3. 树立善于学习意识，克己成己

"深度学习"教研中我们和教师的认知起点是一致的，为树立善于学习的意识。主要的做法：一是以教师实践中的问题为导向，学在前，查文献、找策略，了解与掌握深度学习的内涵，学习与分析幼儿深度学习特征。二是在观察识别幼儿学习行为、了解教师困惑的基础上，预设解决办法，下水尝试解决问题，带着问题进行学习。三是增加干部与专家对话的机会，大胆表达自己的想法与认识，提出自己的问题与质疑，在与专家的智慧碰撞中吸取知识。

如：针对教师提出的幼儿学习行为包括哪些，什么样的行为表现就是深度学习，或学习能力有所提高。针对问题我们以查阅文献→筛选专家→专家培训→对话专家→实践反思的过程，让干部先学先懂。才能在研究中呈现出不同的思考和观点。

4.树立问题闭环意识，迭代解惑

"深度学习"专题教研中所遇到的问题包括以下四类：一是理论性问题，如概念问题、观念性问题；二是每学期教研目标实现中的问题，如：大的教研目标与教师认知、目标冲突问题；三是实践中的问题，如教师不知道如何优化内容与方法；四是个别化问题。每类问题未得到解决都会阻碍教研目标的实现，以及影响到教师参与教研的积极性。因此，对于教研实施中遇到的各类问题都要进行有效的解决才能助推教研有效实施。

我们帮助干部树立问题闭环意识，在发现分析→计划实施→行动观察周而复始进行，一个循环完结，解决一些问题，未解决的问题进入下一个循环，如此阶梯式上升，直到完成目标。

5.树立总结提升意识，寸积铢累

从保教干部学期总结中看，干部更加关注对事务性工作的总结，对于研究工作多以做了哪些事，取得了哪些成绩为主要总结形式。但对自己是如何做的、有什么观点没有总结提升。为此，我们把握每次教研、每学期教研总结的契机，保教干部为示范，不断积累，做好经验的梳理总结与提升。引导干部教师"透过行为看动机，透过过程看方法，透过现象看本质"形成总结提升的意识与能力。如：每次教研后必有梳理提升，可围绕两方面来进行梳理，一是方法策略方面，二是观念方向方面。每学期的总结必为经验论文，分别可从专业提升方面、教研引领方面进行总结。在深度学习专题教研研究的两年间，保教干部共形成论文19篇。

"深度学习"专题教研从理论认知上、引领方式上、幼儿学习特点的把握上，均对我们提出了挑战，也是促使我们保教干部对于原有认识、经验的"打破，重塑"。正是这种"打破，重塑"也让我们临河里幼儿园的教研工作呈现出了全新的、有效的、求质的状态。让我们的干部、教师得到了实质性的发展。

干部引领案例：助力大班教师科学区促进幼儿深度学习的研究

在深度学习的研究中，大班重点聚焦在科学区，围绕深度学习四环节，分别是选择学习主题、理清主题目标、优化内容和方法、持续性评价进行相关策略的梳理、验证等研究，今天我将围绕前三个环节，进行分享。

第一：选择学习主题，我梳理了如下几点

在这个环节，我们的老师陷入预设难的问题，有的老师就说：我们在科学区该开展什么样的深度学习主题呢？感觉所有的主题不会推进特别长，我们的材料只有这些，等等。通过与教师们对话，我们能够看到教师在这个环节出现的问题是：

1. 对于科学区的活动认识有局限。认为只有声光电磁力才是科学区的游戏，其他可探究的内容没有，导致教师还比较关注于已有材料。孩子玩的也是科学区成品玩具。

2. 对于预设与生成主题不清晰。教师的主观与主导意识比较强。

基于这样的问题，我们根据深度学习的特点，借助教研从根本上让老师改变对以往科学区活动的认识。

首先要改变这个认识，我们的保教干部作为教学引领者，知道了问题所在，开始找对策，进行了两点思考。

第一：从小游戏见大价值：让老师发现，每一个好玩的游戏都可能有引发幼儿深入探究的点，形成深度学习主题。开拓教师的思维。

第二：从我预设变成追随你，减少教师的主观意识，让教师更多关注幼儿的游戏需求，以此来生成主题。解放教师的思维。

我们通过玩游戏、分析游戏、思考游戏来实施教研活动，开展了纸飞机游戏，从同一种材料的不同玩法，如折法、形态到不同材料的同一种折法，同时加入了猜想、分析、验证，让纸飞机也变得更加好玩，通过游戏中呈现的学习行为对接到深度学习的四个特征，教师一下子明白了，原来一张纸就可以是学习的材料，就可以引发、生成深度学习主题。

在这个过程中，我们的老师开始上网搜集科学类游戏，开始和孩子一起玩科学游戏，开始和孩子们一起讨论游戏，成为了一名会游戏、懂幼儿的教师，纸飞机也成了孩子们童年最美的回忆。

那我们来回顾一下，科学区的深度学习主题活动，我们从开始尝试、迷茫，到和孩子们在交谈中去追随捕捉有促进学习方式的活动，生成的主题更加的聚焦又挑战，比如：投石器、搭帐篷等等，能够看到教研后老师在对自己的经验进行思考、加工、深化的过程。

第二：厘清主题目标

在这个环节，我们遇到的困惑是：如何制定能够满足幼儿游戏需求又符合幼儿年龄特点的目标？活动中，我有时候制定的目标并没有完成，我该怎么做？教师开始更关注于游戏的进度，想促进幼儿发展的心是非常迫切的，目标制定的高或低，会降低幼儿对游戏的期待与参与的兴趣，持续探究的意愿以及同伴间的合作等等。

通过观察，我们发现了导致出现这一问题的原因：1.目标的指定性不强，教师不能关注核心经验去分层次制定目标；2.幼儿的发展点更多地在于技能的提升，教师给予幼儿的期望过高。

第二环节：基于教师的问题，保教干部的思考

要让教师通过连续看，发现目标与幼儿的实际游戏关系，通过持续的观察，让教师发现当我们给予支持时，幼儿的游戏情况，从中判定自己制定的目标是高还是低或是适宜，不断提高制定目标的准确性。

不断想，思想化于语言加深理解，在每一次的观察后，伴随的是每一次的研讨，在不断的思考、表达、解惑中，用自己的语言说出心中的想法，加深理解。

那基于识别，我们进行了持续3天的观察、研讨与成果的梳理，如在教研活动案例《测量小能手》中，教师基于第一天预设的目标，通过观察幼儿行为，进行了当天目标的调整，同时梳理了教师的支持行为，

如第一天预设的活动目标是初步尝试使用自然物测量头围、腰围，根据幼儿当天测量情况，幼儿选择了眼镜、软体编织、乐高等材料进行测量头围的较多，对测量头围比较感兴趣。孩子们认为测量头围就是将材料连接起来，围个圈就行了，所以，在测量的过程中发现孩子们有将材料顶在头上的，有戴在头顶上的等不同的情况。于是，针对幼儿当天游戏的情况，教师调整了第二天游戏的目标，将第二天的游戏目标调整为：能用正确的方法测量自己或同伴的头围，将目标聚焦到一个点上面。同时针对幼儿出现的测量不准确的问题，在区域评价环节，带领幼儿观看正确测量头围的视频，为第二天正确测量头围做铺垫。第三天幼儿开始尝试使用尺子测量头围。

在持续性的教研活动中，我们的老师能够观察、识别、再支持，为幼儿建构合理的期望。表达、反思、总结，实践与理论的对接更准确，

第三环节：优化内容与方法

在优化内容与方法环节，我们通过专家的引领，明确了计划环节的重要作用，我们提出了自己的困惑，在计划环节，幼儿知道了自己要解决的问题，然后就开始游戏，但是在游戏中又遇到了新的问题，幼儿就开始解决新的问题，可能计划环节的问题就没时间解决了。也有的老师认为我助推了幼儿的活动，就是优化内容和方法了。

从中我们能够看到老师的问题：

1. 对于计划环节的优化内容和方法有缺失。

2. 对于活动中可能出现的问题缺少预判与启发式的思考，真问题与"伪"问题分不清。

基于以上问题，保教干部的思考：

首先要让教师先观察，自己做了什么？幼儿做了什么？通过观察师幼的游戏行为，让教师学会用眼睛思考。对接，幼儿做的和我支持的是否一致。启发教师发现，自己在计划环节中优化内容和方法对幼儿的游戏是否起到了助推的作用，通过对接的方式，发现问题所在。

我们在教师中通过：

1. 师幼观察中，发现计划环节问题。

2. 通过师幼对接，找出问题。

3. 进行师幼再行动，共玩中共提高。

在教研活动案例《风车》中，老师们一起记录师幼的活动过程，在对接中，找出教师在计划环节的支持行为，辨析为什么有关联，为什么无关联，进而发现了计划环节与游戏环节中师幼之间的关联行为。帮助教师明确计划环节优化的重点内容，让计划发挥作用，助推幼儿的深度学习。

我们老师真正做到眼中有孩子，心中有目标，有思想的老师。在科学区的研究中，教研成了教师成长的助推器，我们针对问题，设计教研环节，让教师在体验中思考；聚焦现场，抓住教研核心，让问题迎刃而解；反思成长，强化教研动力，让教师有话可说。坚持行动，持续追踪中，让教研成果落地。

（北京市通州区临河里幼儿园　教研案例　韩爽）

二、科研引领助力

教师的教育科研水平，是衡量幼儿园师资水平和办园水平的重要标准，是幼儿园落实发展幼儿核心素养的重要保证。我园教科研工作起步晚，存在课题研究不扎实，或以开题、结题代替研究；课题质量不高，课题目标、内容思路混乱，研究过程计划性不强；教师教科研意识淡漠，课题组成员参与度低；教科研管理以收代管、以培代领等问题。在"十三五"收官、"十四五"开局之际，我们通过"两引领、三支架"策略，规范与夯实了我园教科研管理与引领工作。

（一）"两引领"，树立教师教科研意识

基于我园实际，为提高教师的教科研意识，使教师了解基本的教科研过程。我们以北京市名园长培养工程、北京市特级教师工作室为契机，在区科研部的指导下，通过骨干园长、骨干教师的两项市级规划课题，即《区域活动中幼儿深度学习的支持策略研究》《幼儿园户外混龄游戏的组织与实施》为引领，形成以园长、保教干部、骨干教师组成的课题研究小组，带领全体教师开展研究。

以《区域活动中幼儿深度学习的支持策略研究》为例。通过"明路子"，明确研究主题、目标与内容。人人参与、人人知晓；上下贯通、层层落实，形成了共同的研究愿景与方向。通过"垫垫子"开展"两学一对接"活动，文献支撑夯实研究基础，对接实践引导教师将已有经验对接新研究，建立研究自信。鼓励教师将与研究主题相一致的策略再次运用到实践中，快速帮助教师奠定了实践基础。

通过"铺路子"紧扣"深度学习"理念，聚焦"幼儿深度学习特征"，形成教师支持幼儿深度学习的基本路径，帮助教师理解了区域活动、深度学习过程、幼儿深度学习特征之间的关系及支持路径。

通过"找方子"，以骨干领研、分层解决、专家引领等措施实践落地、破解问题。使每名教师都能找到研究适应区，并在研究中有所获得。在"寻点子"中通过行动研究，从幼儿活动"缘起"中识别幼儿学习动机，寻找深度学习的生发点。在"行为分析"中引导教师基于幼儿的游戏需求、问题建构合理的期望。在"复盘"中，回忆师幼互动细节，提炼支持方法。进而总结了10种支持策略20种小方法。使幼儿游戏中所呈现出的学习行为得到了有效识别与支持，助推了幼儿深度学习，促进了幼儿学习品质与学习能力的发展。

在两个市级规划课题的引领下，我园教师的教科研意识越发强烈，对教科研方法、过程有了初步的了解和感受。为教师的自主研究打下了基础。

（二）"三支架"，助力幼儿园教科研高质量发展

在"两引领"的同时，我们依托"三支架"，逐步理顺并夯实了教科研管理及引领工作。

1. 以一本档案为支架——理过程，规范课题研究

课题过程性研究不扎实、课题成果积累不够，是阻碍教师"十三五"顺利结题的主要原因。因此，在"十三五"结题阶段，我们通过"建一本档案"这种物化的方式进行规范。帮助每位课题负责人建立起了课题

档案夹及材料清单，从课题申请表到开题报告，从最初的文献收集到每次的研究记录，从阶段性成果到研究报告。历时四个月的时间，每个课题的档案逐步丰富。虽然每本档案中的内容很单薄，研究浅显，甚至还有突击研究的痕迹，但这个过程使每位课题主持人感受到了课题成果是日复一复、扎实研究的过程。同时，也帮助课题组营造了集体研究氛围，使大家认识到了课题研究不是一个人的单打独斗，而是汇集了集体智慧。

2. 以一个组织为支架——管课题，打造研究环境

反思之前我园的保教管理分工，将教研和科研并在一起，一人管理。因幼儿园工作的实际需求，对教研的侧重会高于科研，这就导致了科研"带着管"的问题。为此，我们重新划分保教管理分工，形成科研组织，指定专人管理。使教科研工作不仅能保持相对独立的运行，还能保持与其他保教工作相互协调，和谐一致。

首先，规范内部管理，明确教科研发展目标。确立了"规范及提升幼儿园教科研工作效能，实现管理规范化、制度化、系列化；加大教科研骨干的培养力度，提高教师教育科研能力，通过教育科研实践研究，全方位提高幼儿园保教水平和质量。培育乐群自信、乐求真知、乐见灵动的临幼儿童"教科研工作发展总目标。进一步强调计划性，制订每学期切实可行、行之有效的工作计划，使科研工作有序推进。其次，明确课题组责任分工，细化阶段研究计划。使人人有责任，人人在研究，避免参与者被动参与，研究推进受阻问题。并建立教科研研究评价与激励机制。再次，跟进课题组活动，压实研究时效。将各课题组活动计划纳入幼儿园保教工作周安排中，园长、保教干部随时跟进。最后，以多种

形式提高教师大教育视野，提升教师对教育发展中的新政策、新要求、热点与难点问题的敏感度。养成分析、捕捉、对接实践的习惯。

这些举措使我园快速且有效地，营造与优化了教科研骨干培养环境、教育信息环境、平等科研心理环境。

3. 以一个团队为支架——担后盾，聚焦人本需求

教育行为与教育科研是同生共长、相互依赖的关系。课题研究与教师个体发展目标相匹配才能实现共赢。在"一个档案"这种以"物"为核心的管理基础上，教科研管理还需以"人"为核心，通过研究满足教师的个性化发展需求。

在"十四五"课题申请准备阶段，我们发挥科研骨干团队的作用，引导教师基于自我发展需求拟定研究方向。针对教师出现的选题不够聚焦、选题脱离实践两个共性问题，发挥团队智慧帮助教师聚焦研究问题，为每位老师选择适合自身研究能力及发展需求的课题。通过"大题小做"即在教师研究方向不变的基础上对研究内容进行层次性划分，使研究聚焦现阶段需求。以"小题大做"，即将有同一需求的教师结成研究大组，形成较为综合的课题，划分子课题组，进行研究，即保证了子课题的相对独立，又能成为较系统的框架体系。

在教师的整个选题、申请立项过程中，我们不论从管理还是从团队支持角度，都秉承"有问题即支持""管理即支持"的理念，完善科研制度、搭建科研平台、传递科研信息、落实科研监督与指导，使我园科研工作日趋规范，也使教育科研工作真正成为了教师专业成长、保教质量提升的重要助推器。

"两引领、三支架"策略，使我园在"十四五"开局之年，有9项课题立项为区规划课题，17项课题立项为北京市教育学会课题。立项数量的增加是对我园前期科研管理与引领工作的肯定。

教育科研引领案例：助推中班建构区深度学习持续发展的策略研究

行动研究法是一个螺旋循环的过程，包括计划、行动、观察、反思等环节。本研究以行动研究为途径，开展助推中班积木建构区深度学习持续发展的策略研究。本研究分为以下六个部分：关注问题、拟定策略、采取行动、反思评价、重构策略和关注实践，以此来探究出有效策略，解决中班积木建构区深度学习如何持续推进的问题。

1. 关注问题

近期，中班建构区开展了丰富多样的搭建主题，在搭建过程中，幼儿出现了观察、讨论、合作、探究性操作等深度学习行为，也体现了主动与探究、迁移与应用、联系与建构、理解与批判的深度学习特征，促进了积木建构区中深度学习的发生。但是，当幼儿的搭建活动逐渐成熟，搭建出建筑物的特征后，老师们普遍反馈幼儿的搭建兴趣不再浓厚，不愿意持续搭建，使搭建活动停滞不前。解决方法通常是更换主题或是直接介入。基于现状分析，作为保教干部应深入班级的搭建活动，了解教师遇到的困惑和问题。用支持幼儿的方式支持教师。

2. 拟定策略

通过聚焦中班建构区出现的问题，科研组拟定了实施策略，设计了操作性强的行动方案，以观察现场、适时指导为切入点，拟定进班观察策略、多元诊断策略、反思评价策略、持续追踪策略等，并用《深度学习行为检核表》作为分析工具，为研究的实施提供抓手和评判依据。

3.采取行动

一"看"：幼儿怎样游戏，教师怎样指导

幼儿：边看绘本《花木兰》边搭建长城，搭建完城墙和烽火台后，兴趣减弱，出现游离情况。

教师：又拿来另外一本绘本《长城》，让幼儿仔细看看书中的城墙和烽火台的特征，对照书中的样子完善作品，让长城的结构特征更逼真，更像。

二"听"：同伴间的对话，师幼间的对话

幼儿：

a："我不想搭了，都搭完了。"

b："我想跟花木兰一样，在长城上打仗。"

c："多危险啊，打到人多疼。"

d："我们可以用纸筒，纸筒轻。"

幼儿在城墙内外玩起了打仗的游戏。

教师：

"先看看你们搭建的长城和书里的一样不一样？城墙是……烽火台是……"

"那你们注意安全。"

由于没人愿意扮演敌人，教师扮演起敌人，在城墙外和幼儿对战。

三"问"：幼儿的游戏意图，教师的指导意图

我："怎么才能打赢敌人呢？"

a："我们的炮弹得多。"

b："城墙得高点，不能让炮弹打进来。"

c："还得有地方躲，烽火台里能躲。"

d："只能躲一个人，太小了。"

我："那怎么办？"

c："老师，先停一下，我们要修一下长城。"

幼儿边调整，边让教师试一试。

我："现在你要怎么做？"

教师："我应该把绘本拿过来，让他们看看高高的城墙和可以从门里钻进去的烽火台怎么搭。"

幼儿的游戏意图：为了满足游戏需要，在游戏中自主调整搭建作品。

教师的指导意图：让幼儿对照书中长城的样子去调整搭建作品。

双方的意图不统一。

四"赏"：和教师、幼儿一起欣赏搭建作品，师幼、幼幼间进行评价。为了了解幼儿对作品的态度和想法。从赏评中发现评价不能引起幼儿注意、幼儿不愿听、缺少成功感、教师"一言堂"。

基于观察和诊断，我发现了深度学习的优化内容和方法环节出现问题：幼儿参与度不高，完成搭建任务后不愿持续深入探究。搭建内容缺少趣味性和游戏性，搭建内驱力不足。还有一个轨道的案例和长城案例不同，前期能够把握深度学习契机，游戏性强。幼儿积极参与。后期虽然搭建水平越来越高，但是兴趣逐渐减弱，不能持续开展。

保教干部观察的敏感度、准确度与深度在一定程度上影响着班级深度学习的质量与成效。因此，保教干部是一线教师的观察者，需要具有较强的问题意识与发现问题的能力，能快速准确地聚焦真问题、切中幼儿和教师的真需要，从而抛出有价值的对话焦点，支持教师的深度思考，为教师的专业成长提供支持。

4. 反思评价

聚焦问题后，接下来，就要对问题进行深刻全面的反思，以明确问题产生的根源。保教干部从教育现场观察出发，突破"惯性思维""单向思维"，通过讨论、提问、小组对话研讨等形式，引导教师探寻行为背后的症结，在反思中觉知问题根源。

（1）反思中班建构区深度学习的核心价值

幼儿利用建构作品去满足和支持自己的游戏需求，从而主动探究，不断地发现问题，解决问题，建构出能够支持游戏的作品，促进高阶思维能力的运用和发展。

（2）反思幼儿与搭建内容的关系

针对长城案例：搭建内容应源于幼儿的游戏兴趣，是幼儿学习与探究的内驱力。幼儿围绕有挑战的主题，利用建构作品满足自己的游戏需求，进行创造性的游戏活动，助推深度学习的发生。

针对轨道案例：搭建内容应贴合幼儿的生活经验，难度适宜。幼儿以直接经验学习为主，应支持幼儿更加了解周围的生活和事物，鼓励幼儿从中迁移应用已有经验解决搭建中遇到的问题，大胆尝试和操作。

（3）反思教师的教育行为

"对照绘本搭建""教师出谋划策"是否适宜？有没有助推幼儿的

深度学习？（利用观看视频的形式进行讨论）

（4）反思问题成因

保教干部带领教师从问题现象出发，综合考虑幼儿已有经验、兴趣点、游戏进程等因素，采用对话、研讨等形式，逐渐明确问题成因。

长城案例的问题成因：不会观察，忽视幼儿的真正意图；没有抓住幼儿的兴趣点；没有发现深度学习契机；搭建活动缺少游戏性和趣味性。

轨道案例的问题成因：忽视幼儿的年龄特点和发展规律；没有建立合理期望；挑战性过强；教师介入过多幼儿试误少；教师代替幼儿成为游戏主导者。

5. 重构策略

保教干部在带领教师厘清问题及成因后，要继续带领教师进入重构环节。"重构"是"观察"与"实践"之间的连接点，是对搭建建构游戏的重新认知。"引导者"要注意把学习的权利交给老师，放手让老师们去研究和设计，给予自主探究的空间，通过集体的力量去分析问题、解决问题。

（1）重构计划

保教干部组织教师分析下一步搭建建构活动的方向、要达成的目标和预期成果，重新制订计划。这时，保教干部是教师的倾听者，给予教师自主表达的宽松空间。必要时，提示教师不要忽视幼儿的已有经验和年龄特点。

计划一：

合作搭建出能够防御敌人的长城，提升发现问题、解决问题的能力。

计划二：

自主设计并搭建出不同形态的轨道，感知物体轨迹与轨道结构之间的关系。

（2）加入游戏

游戏是贯穿于中班幼儿整个搭建过程中的，教师要能发现游戏契机，利用游戏吸引幼儿主动探究，迁移运用已有经验解决新问题，建构出能够满足游戏需要的作品。在欣赏环节，幼儿对搭建作品不感兴趣，不愿意参与评价。引导教师思考"怎样赏""赏什么"。通过加入游戏环节，在幼儿充分与建筑构作品互动中获得游戏体验，从而积极向同伴和老师反馈意见，促进搭建建构能力和评价能力的提升。同时，也能丰富其他区域幼儿的认知经验，激发他们的搭建兴趣。

（3）重构策略

鼓励教师根据搭建建构游戏的特点和进程讨论出可行性强、以幼儿为本的、能推动深度学习的策略。

如游戏情境策略：教师以花木兰保卫长城的情境为契机，引导幼儿在游戏中发现城墙和烽火台存在的搭建问题，从而根据游戏需要不断完善搭建作品。（从注重长城的外形结构转变到能否支持游戏）

如材料支持策略：充分发挥材料的隐性支持作用，代替教师的直接介入。（教师可以抛出关键问题，引发幼儿间的深度思考和探究。）给予幼儿充分的与材料互动的机会，允许幼儿试误，大胆放手。

利用思维导图梳理计划、策略和分工。

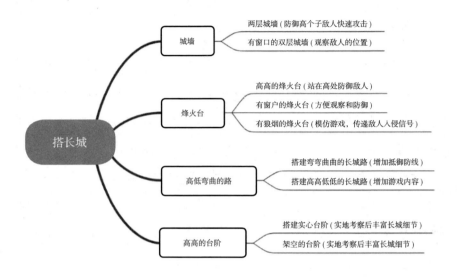

6. 关注实践

　　保教干部通过观察游戏现场，积累现状资料，明确问题所在后带领班级教师共同反思教育行为、重构游戏计划，建立学习共同体。接下来，就要将新计划、新策略运用到实践中，进行检验。这时，保教干部要继续深入班级观察，查看落实情况。

　　幼儿的收获：由被动走向主动、自主探究；由爱玩走向慧玩，深度探究；由欣赏走向体验，持续探究深度学习行为。幼儿自己主导，生成属于自己的搭建游戏，以问题为导向，破解一个个游戏中的难题，推动幼儿深入探究。幼儿探究小球等物体滚落的轨迹，判断和规划轨道走向，一遍遍地试误，调整搭建轨道，深入探究花样轨道游戏，玩出了新花样。

教师的收获：抓住了幼儿的兴趣点，能够细致观察、积极思考，梳理幼儿自主探究、独立解决问题的清晰线索及对策，提升了自我反思能力，体现了专业成长。

放手让幼儿尝试，耐心等待创造精彩。

放手让幼儿体验，顺应幼儿游戏需求。

放手让幼儿探究，适时回应幼儿疑惑。

幼儿自己主导，生成属于自己的搭建建构游戏，以问题为导向，破解一个个游戏中的难题，推动幼儿深入探究。幼儿探究小球等物体滚落的轨迹，判断和规划轨道走向，一遍遍地试误，调整搭建轨道，深入探究花样轨道游戏，玩出了新花样。领着幼儿往前走，远不如他们自己创造出的游戏精彩，跟随幼儿的游戏需要，动态调整教育目标和材料，支持幼儿游戏，让幼儿玩不够。幼儿是有能力的自主学习者，教师需要关注、鼓励、肯定、搭建分享平台，适时回应，推动游戏的开展。推动积木区的深度学习持续进行。

保教干部的收获：让每一位教师在观察中发现问题，在反思中更迭认知，在重构中获得方法，在实践中提升质量，激发团队智慧，发扬团队精神，最终实现教师认知与行为的双层转变与成长，实现保教质量的提升。

共同的收获：申请中班建构区深度学习的课题并立项成功，在科研引领下，形成了趣味搭建主题：会动的坦克、长城、舒服的家、能看表演的戏楼、能做饭的灶台、花样轨道、能滑的滑梯、会移动的机器人等。

（北京市通州区临河里幼儿园 科研引领案例 安瑶）

三、课程建设助力

（一）以"六步式"为引领，发挥干部课程领导力

第一步：潜水，观察幼儿的游戏，发现价值点，捕捉教师的教育意图，判断课程价值。

第二步：定位，价值的进一步筛选，确立核心价值。

第三步：共议，在与教师充分的沟通中，了解孩子兴趣及发展需要，了解教师的意图及做法。筛选适宜的课程内容与方法。在智慧碰撞中，使灵感闪耀。

第四步：提升，游戏课程不同于集体教学，幼儿自主游戏中、每个孩子不同的游戏意图会干扰教师对主题与目标的把握。因此，保教干部要帮助教师定牢主题，明确目标确保游戏持续、深入开展。

第五步：优化，通过持续跟进，帮助教师评价诊断，确保课程质量。

第六步：形成，指导教师梳理案例，通过经验分享的方式将课程理念、内涵、方法进行传播。

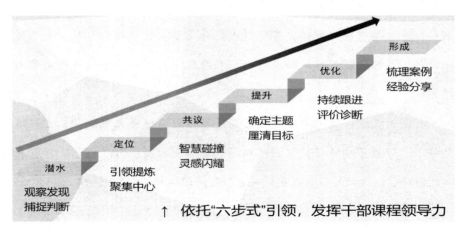

↑ 依托"六步式"引领，发挥干部课程领导力

在"六步式"干部课程引领下，教师课程组织与实施能力有了明显的提升，主要体现在：

追随幼儿生活，为实施"真"教育做准备。让孩子成为孩子，首先要让老师成为孩子，从幼儿的视角去看周围的环境，研究幼儿的兴趣和需要，只有立幼儿生命之本态，方可求教育之本真。

从幼儿的经验出发，预设课程目标及内容。生活是课程内容的来源，是幼儿学习资源。幼儿的身边具有价值的资源很多，但基于幼儿已有经验的，现象、事物、材料、文化等教育内容需要教师进行筛选。在此基础上以课程内容为载体，使幼儿在与环境资源的互动中获得发展。

发现幼儿的学习能力，让幼儿成为发展的主人。活动中的幼儿呈现出了专注、讨论、争辩、联想、比较、尝试、探究等深度学习行为，只有在学习行为不断的运用与深化中才能使幼儿具有学习能力。

（二）以课程案例为依托，提升教师课程意识

《区域活动中幼儿深度学习的支持策略研究》是我园"本·真"五悦课程中"悦思"课题的具体体现，帮助教师建立"深度学习"理论框架，掌握教师支持路径是落实好"悦思"课程的根本。为了帮助教师建立课程意识，我们在"头雁"先行中，发挥保教干部课程引领力，基于教师的游戏案例对接课程理论，梳理、提升课程要素、课程路径、实施策略等。以干部讲"课程故事"的方法帮助教师理解，提升教师课程认知、实施的意识和能力。

"本·真"悦课程实践中的思考与探索

——以大班"看动画喽"区域主题游戏为例

摘要：通州区临河里幼儿园的"本·真"悦课程的建设与实践中力求挖掘游戏价值，立足幼儿的发展实际，在真实情景中，通过真操作、真感知、真体验促进幼儿真发展。笔者通过追随兴趣与需要，引发主题游戏；基于已有经验，建构合理目标；打造教育场域，满足探究需要；聚焦发展目标，优化过程方法来落实区域主题游戏课程，哺育乐群自信、乐求真知、乐见灵动的"三乐"儿童。

"本·真"悦课程立足于我园"'本·真'育人，滋养幼儿幸福童年"的办园理念，以"五悦"，即：悦读、悦动、悦行、悦思、悦美为课程主线，以深度学习理论为引领，通过领域化、主题化、一体化的实施路径落实课程。

在课程的实践中我们一直在思考：如何能培养"乐群自信、乐求真知、乐见灵动"的"三乐"儿童？如何将深度学习理论有效运用到园本课程中？下面将以"本·真"悦课程实施路径中主题化实施的区域主题游戏——大班"看动画喽"为例，谈谈我们对园本课程的思考与探索。

1. 追随兴趣与需要，引发主题游戏

"本·真"悦课程源于理解"真"幼儿，让孩子成为孩子。教师要从幼儿的视角去看周围的环境，研究幼儿的兴趣和需要，只有立幼儿生命之本态，方可求教育之本真。

"看动画喽"活动缘起于国庆节幼儿园组织的红色电影观影活动，大班幼儿一起观看了红色动画电影《小兵张嘎》，进而引发了幼儿间有关动画电影的话题，教师从幼儿七嘴八舌的讨论中发现了幼儿的关注点，在他们的对话中探寻、识别到了幼儿的兴趣与经验，确立了区域主题游戏"看动画喽！"教师通过问题"你们想不想知道，动画是怎么播放出来的？""想不想制作一台动画放映机？"引发了幼儿的好奇心和探究欲，帮助幼儿确立了游戏方向。

"看动画喽！"主题源于幼儿兴趣，贴近幼儿生活。"想制作动画放映机"承载了立德树人、积极育人的功能。体现了"本·真"教育文化所倡导的"将幼儿的兴趣、需要作为教育的出发点"。活动体验场域重点为班级区域，是"悦"课程实施路径中主题化实施中区域主题游戏。

2.基于已有经验，建构合理目标

通过对幼幼、师幼对话的分析与识别，教师发现幼儿有对光影的初步感知，具有一定的玩具组装、制作能力，对"制作放映机"有关的齿轮、轨道有初步感知，能和同伴一起合作游戏等已有经验。

结合幼儿的兴趣与发展需要，教师预设了感受科技不断的变化与进步；了解动画机的播放原理，感受科学现象的有趣；探究操作中积极猜想与尝试，提高发现问题解决问题的能力；知道保护眼睛的方法，在实际生活中能够正确用眼；能根据图画情节创编故事内容，并愿意在集体面前讲述，感受名著故事的魅力；有不怕困难坚持不懈的精神六条核心目标，涵盖幼儿园五大领域，幼儿发展落点清晰明确。彰显幼儿天性、促悟性、显灵性，是"本·真"悦课程培养乐群自信、乐求真知、乐见灵动的"三乐"育人目标的具体呈现。

3.打造教育场域，满足探究需要

在教育场域的打造上，教师践行与挖掘"四园"物质文化内涵。在环境利用上以"生长乐园：释放天性，启智增慧"为指导，让每一件设施、材料都成为幼儿游戏学习的一部分，形成"会说话的环境"。

在区域中教师基于幼儿活动需要，从幼儿的年龄特点、认知规律、生活经验、需要和问题出发，与幼儿一起投放了不同种类的放映机、相应的制作材料、辅助材料、工具等丰富的操作性材料。在墙面学习型环境的创设中，教师基于幼儿的学习情况，创设了记录幼儿学习过程、梳理幼儿游戏经验的学习性支持环境。利用台面创设了幼儿作品展示、玩具结构等展示分享性环境。区角、材料、墙饰的创设满足了幼儿的兴趣与需要，使幼儿看到了自己的经验、自己的学习，自己的发展，进而获得价值感。

同时，教师积极发挥"生命花园"的作用，创设和谐自主、尊重包容的精神氛围，让孩子敢说、敢做、敢玩；在社会环境的利用上，教师发挥家长资源，通过家园对话支持幼儿个性化的游戏和认知需求。

4. 聚焦发展目标，优化过程方法

课程实施的过程与方法是课程落地的关键，培养"三乐"儿童是目标，在实现目标的过程中，我们将乐见、乐思、乐创分别作为大班幼儿的发展的起点、支点和落点。

"看动画喽！"活动共经历三个阶段，在"揭秘与发现"阶段教师运用顺应需求、资源利用、积极体验、肯定发现等教育策略，满足了幼儿想了解、想制作、想表达的意愿；在"制作与探究"阶段教师运用基于经验、追随问题、引发探究策略，引发幼儿去制作、去发现、去探究；在"挑战与创造"阶段教师为支持幼儿"制作更好的放映机"的游戏意愿，通过制订计划、记录过程、聚焦问题、持续性评价策略，支持幼儿再建构、再挑战、再创新。

游戏课程实施的过程遵从了以"本·真"为起点，即：游戏为基本活动，为玩而做、为玩而思、为玩而创均源于幼儿的年龄特点，"玩中学、学中玩""合作化的共同学习"也是大班幼儿最突出的学习特点；以"五悦"为中介点，即：内容突出乐思，涵盖了幼儿园五大领域的发展目标；在确定主题——明确目标——形成计划——实际操作——问题导向——经验积累的循环式深度学习过程中践行了"三乐"为归宿点的课程理念。

课程着承载儿童的发展，当我们希冀哺育乐群自信、乐求真知、乐见灵动的"三乐"儿童时，最好的关照就是让课程来滋养儿童。且这份滋养契合儿童的天性，符合自然的伦常，切合未来时代对优秀之人的需求。因此，"本·真"悦课程实践中的思考与探索——我们一直在路上。

（北京市通州区临河里幼儿园　课程引领案例　冯薇）

（三）以游戏资源包为支撑，创生园本课程内容

随着研究不断深入，游戏资源包内容也在不断扩充，而且越来越细化。使园本课程具有创新性、独特性。在区域活动的过程中，教师梳理出详细的资源包内容。

如中一班在图书区投放了《神奇雨伞店》这本绘本，幼儿非常感兴趣。教师首先引导幼儿观察画面并对重点环节进行提问：画面上有谁？它在哪里发现了这把神奇的雨伞？小猪想不想得到这把神奇的雨伞？小猪得到这把雨伞后发生了什么事情呢？通过提问，帮助幼儿理清故事发

展的先后顺序。通过分析，使幼儿知道故事结构中的时间、地点、人物和事件四要素缺一不可，才是一个完整的故事。于是，幼儿创设出故事四要素的相关环境，同时利用录音笔，留下了幼儿续编故事的内容。老师们尊重幼儿的想法，关注到幼儿的行为、需求和兴趣，并能给予适宜的支持，这样才能使幼儿的深度学习不断地推进。同时丰富了"录音"集与环境创设的资源包。

如大一班的表演区活动，教师鼓励与引导幼儿参与游戏设计，想玩什么游戏？需要什么材料？怎么布置？怎么玩？将这些游戏权利全都交给了幼儿，这个过程能使幼儿充分地感受到归属感，体现了自主性，深度学习也随之发生。以《闪闪红星》的绘本故事为题材，幼儿一起绘画、制作了剧本，协商分配角色，同时与美工区联合制作了相关的道具，把整个绘本栩栩如生地搬上了舞台。教师用摄像机记录了整台表演，纳入视频资源包内。

我园以《纲要》为指导，借助课题《区域活动中幼儿深度学习的教师支持策略研究》，从幼儿需要出发，充分挖掘"五悦"课程，不断建构、创生园本课程。教师用区域"主题活动"的形式将幼儿深度学习的活动轨迹记录下来，梳理幼儿的深度学习内容，形成园本课程。每个课程配有照片，生动、真实地记录了游戏过程中的精彩时刻。生动地体现了幼儿自主、自发的学习过程，以及他们表现出来的认真专注、大胆操作和创造性解决问题等宝贵的学习品质。也体现了教师对每个幼儿的关注和欣赏，对幼儿学习与发展的支持。通过课程的创生，教师进行了深入的研究和反思，能够不断提高专业技能，在成就孩子的同时成就我们自己。

截至至今，每个组整理收集课程案例 50 余篇，共计 300 篇；主题网络图 150 余个；影像资料 110 余个。

四、行政管理助力

（一）发挥人力资源优势，建立深度学习研究团队

1. 管理队伍。

临河里幼儿园管理队伍共 12 人。园长王玉菊是正高级教师，至今已有 33 年工作经历。曾荣获北京市"三八红旗奖章"、通州区优秀校长、优秀教育工作者、开拓创新先锋等荣誉称号，2019 年被聘为北京市幼儿园办园质量督导评估专家，成为北京市第三批名园长发展工程的学员。研究的课题《以成长档案袋为载体探索幼儿发展性评价的研究》成果荣获通州区政府成果奖一等奖、北京市学前教育学会优秀课题一等奖。课题《区域活动中幼儿深度学习的支持策略研究》立项为北京市教育科学"十三五"规划 2020 年度课题。

副园长 3 人，保教主任 8 人，全部本科以上学历。其中 8 人为高级教师，3 人为一级教师；1 人被评为市级骨干教师，3 人被评为区级骨干教师。业务园长从事学前教育工作 20 年以上，从事保教管理工作 10 年，有示范园管理经验 9 年。8 名保教主任多次承担过教学评优活动，具有一定的保教管理经验，业务水平精湛。

在课题研究的过程中，保教管理者共开展了大小教研二十余次，组织

参加区级片区教研交流展评八次，区级观摩区域活动十次，共有 20 个班级参与其中。每一次活动，保教干部都会深入班级，跟进指导。以活动为契机，为老师搭建展示平台，促进教师专业发展，提升班级活动质量。

2. 教师队伍。

教师共有 77 人，其中区级骨干教师 14 名，园级骨干教师 19 人。教师参与教科研活动积极性高，具有一定的研究能力，52% 的教师有自己的独立课题，100% 的教师参与课题研究。这些有想法、敢实施、积极成长的优秀教师重视经验的梳理、总结与积累，根据研究能及时总结保教经验，形成经验总结。

我们鼓励、支持他们成为园内研究的"头雁"，深入地了解他们实践中的难点与困惑，制订针对性的指导计划，提升深度学习实践能力，发挥辐射带头作用，带领其他教师共同成长。

如大班组的教师，在深度学习的研究中，重点聚焦在科学区。大三班陈昆老师，在科学区开展了纸飞机游戏。通过与幼儿一起制作飞机、选择螺旋桨材料、一次次试飞，从同一种材料的不同玩法，如折法、形态到不同材料的同一种折法，同时加入了猜想、分析、验证，让纸飞机也变得更加好玩。陈老师把自己的做法与经验分享给其他教师。通过游戏中呈现的学习行为对接到深度学习的四个特征，教师们一下子明白了，原来一张纸就可以是学习的材料，就可以引发、生成深度学习主题。

"头雁"效应加强了全园教师的自驱力，自学、自研氛围浓厚，老师们逐渐成长为一名会游戏、懂幼儿的教师。真正做到眼中有孩子、心中有目标、手中有行动、脑中有方法、胸中有思想的老师。

3. 专家资源

（1）助力教师了解深度学习相关概念

面对在研究"区域活动中幼儿深度学习"的过程中遇到的困惑，保教团队先分析问题所在，挖掘根源，聘请专家团队，给予教师支持与帮助。

如为做好课题《区域活动中幼儿深度学习的支持策略研究》，帮助幼儿园干部、教师补充"深度学习"的相关知识，丰富幼儿指导的相关策略，使课题研究扎实、有效。真正做到以科研促进教师专业发展。特聘请北京市海淀区教师研修中心学前研修部李峰主任为干部教师做培训。李老师针对老师们教育教学中的疑惑进行专题讲座。培训内容共包括三方面的内容：第一方面，对深度学习的概念进行了界定、深化，列举了国内外教育专家对深度学习的定义，并进行了比较，使教师对深度学习的概念有了更加全面、科学、深刻的认识与理解，为我们下一步的研究工作奠定了基础。第二方面，以案例的形式向大家讲解为什么对幼儿进行深度学习的培养。深度学习是有意义的活动，是促进幼儿终身的发展、具有挑战性的活动，而且要有跌宕起伏的过程，这样才会促进幼儿的持续发展。第三方面，给予了我们老师在做深度学习的活动过程中，提供了有针对性的策略与方法，使教师找到了方向与抓手，从而更好地促进幼儿经验的提升和学习品质的积累。

李老师反复强调的关键词包括"乐观、自主、探究、创造、坚韧、协作"等，处处彰显着注重幼儿深度学习的理念以及支持幼儿开展深度学习的各种有效策略。扎实、丰富、多元、深度的课程内涵打动了在座的每一位！鲜活的案例、生动的讲解、互动的形式，使老师们受益匪浅。

（2）为深入研究提供有力抓手

在区域活动中，教师能对幼儿的兴趣、需求进行有目的的观察，多数教师能基于观察对幼儿的活动提供支持，但由于对幼儿的学习方式缺少系统的学习，所以不能基于学习方式给予正确的分析与评价。

如针对于教师出现的问题，我们聘请"名园长工作室"的徐慧芳老师为教师做《深度学习量表下的儿童行为分析与评价》的现场培训。深度学习时间记录表和深度学习量表，它能够清楚指向幼儿的深度学习等级。在我们分析评价幼儿的深度学习中，要进行"三步走"：幼儿出现了哪些学习行为（当时评定或视频记录）——行为所处的等级（视频或案例）——给予得分，是幼儿最高的水平，出现频次多说明幼儿善于使用这种学习方式去解决问题，针对一些其他的学习方式，教师要关注，创造机会去培养幼儿去运用。

基于教师在探索幼儿深度学习的过程中，我园先后共聘请专家团队10余次。通过专家的培训，使教师从根本上去解读幼儿学习的发生，重新认识幼儿的学习，重新回归幼儿本真的教育，重新思考教师的关键能力，最终指向重新唤醒幼儿的创造力，将时间和权利还给幼儿。从"教师预设"转变为"幼儿自主"的过程中，有效地观察、解读幼儿，进而建立正确的儿童观，支持幼儿自主游戏中的深度学习。

4. 家长资源

（1）开展培训，加强深度学习宣传

为了转变家长教育观念、提高家庭教育水平。韩爽主任对园所课题进行了深度的解读，家长们对自身的工作任务和要求有了深入的认识。

同时我们也了解到家长的育儿需求，开展了线上的培训活动，如《如何培养孩子良好的学习习惯》，让家长们清晰了解深度学习对幼儿终身发展的益处，了解好习惯的培养对幼儿的重要性，如何进行家庭建设、家庭教育等方法；利用班级橱窗进行了幼儿深度学习案例的分享，鼓励家长们参与到幼儿园课题建设中，家长和幼儿积极参与，都获得了发展；利用班级微信群，进行了幼儿深度学习等宣传，及时解决了家长亟待对幼儿进行教育的困惑问题，给予了支持策略。

（2）走进课堂，提供深度学习资源

为了更好地发挥家长资源，我园开展"家长进课堂"活动。家长走进班级后，深入了解幼儿在园的活动内容，更加配合教师的工作。班级在开展区域活动中，根据不同的主题，需要各种各样的材料。如中一班开展芦苇的系列活动，教师号召家长：利用星期天，开展"亲子游"活动，家长带幼儿到大运河森林公园欣赏、采集秋天的美景，重点观察芦苇的生长环境、外形特征、不同姿态等。周一早上来园，幼儿带来了芦苇的相关信息，有照片、视频、有采摘的芦苇等等，为幼儿开展深度学习的研究提供了有力保障。

总之，通过家园多次合作后，渐渐地融洽了彼此之间的关系，建立了相互信任、相互帮助的合作伙伴关系。家长弥补了班级教育资源的不足，丰富了幼儿深度学习的教育内容，提高了教育效果，使班级工作变得更生动、更具体、更生活化，使幼儿解决问题的能力有所提升，更加喜欢学习和探究。

（二）加大资金投入力度，保障深度学习研究有效推进

1. 购买相关资料：在研究幼儿深度学习的过程中，共先后购买《幼儿深度学习的理论篇》《幼儿深度学习的实践篇》30 本；《深度学习，走进核心素养》10 本等，共计书费两千七百余元。

2. 借助其他资源：

（1）专家资源：为帮助教师解决课题研究过程中的问题与困惑，先后共聘请专家团队培训、指导 10 余次，支出培训费 130000 余元。

（2）物质资源：为班级幼儿购买可供幼儿深度学习探究的玩具十余种，共计 356773 余元。

（3）电教资源：为支持教师研究记录"区域活动中，幼儿深度学习"的过程，我园与上海创先泰克教育科技有限公司签约 2 年，共计花费 199600 元。

（三）形成园本资源库，梳理深度学习研究经验

1. 收集资料

（1）收集目的：在课题研究的过程中，我园注意研究过程资料的收集与整理，并在此基础上进行系统分析和提升，总结不同阶段的研究成果，为下一步的研究提供借鉴，奠定基础。将有效促进幼儿园教育教学水平前进发展，促进教师专业快速成长，促进幼儿深度学习的发展。

（2）收集成果：在研究课题的过程中，共做科研活动 20 余次，为记录教师的研究成果与轨迹，收集主题活动网络图 110 余个，主题活动照片 2000 余张，区域活动视频 100 余个，幼儿主题美术作品 500 余幅，幼儿故事集 24 个，区域环境照片 5000 余张，课件 80 余个。

丰富了"五悦"课程，使园本课程更加丰富。截止至今，共收集"兔爷逛庙会""中草药""恐龙世界"等小中大班课程资源包500余个。

2. 资源共享

（1）共享目的：为全面提升我园教师教育信息化的应用水平，让信息资源服务于平时的教学工作，实现教育教学资源共享，为教师互相学习，使用及查阅资料，开展各种活动奠定坚实基础。

（2）科学共享：教师在资源库选好活动后，要根据本班幼儿的兴趣爱好、需求及实际水平，进行针对性的筛选，有时会生成新的活动内容与主题。

如中六班在做"奇妙的石头"区域主题时，空间、环境、材料、规则、设置等不是一成不变的，环境的创设、形成是根据幼儿的活动过程、学习轨迹循序渐进、不断完善的过程。活动中教师要善于发现、引导幼儿创造表达符号，形成让幼儿看得见、看得懂、看到自我变化的环境。与此同时，教师要不断复盘、反思幼儿活动的过程轨迹，呈现幼儿一路发展变化的过程，呈现关键经验以及关键经验的阶段性递进。进而实现儿童环境经验与深度学习相一致的螺旋递进。

区域活动中呈现出的幼儿发展全面且多元，而深度学习其中一个特点也是强调新旧知识之间的联系以及多学科知识的融合。两者均强调了幼儿的经验活动。教师要丰富自身区域中的PCK知识，清晰、有效地支架幼儿经验均衡发展。

因此，资源共享不是一成不变地照搬过来，而是要进行精心筛选，科学改良，不断完善的过程，使资源真正成为"源源不断"。

参考文献

1. 本杰明·布鲁姆.教育目标分类 [M].北京:外语教学与研究出版社,1956.

2. 田慧生,刘月霞.深度学习:走向核心素养 [M].北京:教育科学出版社,2018.

3. 庄爱平.幼儿数学与幼儿思维培养 [M].北京:化学工业出版社,2014.

4. 蒋婷婷.区域活动中幼儿深度学习的教师支持研究 [D].桂林:广西师范大学,2021.

5. 仇雅琳.区域活动中幼儿深度学习的研究 [D].济南:山东师范大学,2018.

6. 仇雅琳.区域活动中幼儿深度学习的研究 [D].济南:山东师范大学,2019.

7. 夏小婷.5-6 岁幼儿手工活动教育教学研究 [D].温州:温州大学,2014.

8. 宋琳.幼儿深度学习的影响因素研究 [D].长春:东北师范大学,2021.

9. 高宇.昆明市 D 幼儿园大班积木游戏中教师支持幼儿深度学习的个

案研究 [D]. 昆明：云南师范大学，2019.

10. 于馨淼. 大班科学区活动中教师支持幼儿深度学习的行动研究 [D]. 沈阳：沈阳师范大学，2023.

11. 马鸿雁. 美术区域活动中幼儿深度学习现状与支持路径研究 [D]. 上海：华东师范大学，2023.

12. 叶玉华. 大班幼儿在建构游戏中深度学习的探究 [D]. 西宁：青海师范大学，2021.

13. 刘月倩. 游戏中幼儿学习经验深化的表现 [D]. 重庆：西南大学，2020.

14. 黄俐. 当前幼儿园区域活动开展中存在的问题及解决策略 [J]. 学前教育研究，2014，（04）：66-68.

15. 徐慧芳. 深度学习对集体活动和区域活动中幼儿使用科学学习方式的影响 [J]. 教育科学，2019，35（02）：72-77.

16. 吴永军. 关于深度学习的再认识 [J]. 七彩语文（中学语文论坛），2019，（02）：143-145.

17. 罗云，赵鸣，王振宏. 初中生感知教师自主支持对学业倦怠的影响：基本心理需要、自主动机的中介作用 [J]. 心理发展与教育，2014，（03）：312-321.

18. 辛涛，姜宇，林崇德，师保国，刘霞. 论学生发展核心素养的内涵特征及框架定位 [J]. 中国教育学刊，2016，（06）：3-28.

19. 吴颖倩. 以"三期全架式"游戏环境创设路径支持幼儿深度学习 [J]. 亚太教育，2023，（16）：184-186.

本·真

区域活动中
幼儿深度学习的实践研究

王玉菊　冯薇　主编

哈尔滨出版社
HARBIN PUBLISHING HOUSE

图书在版编目（CIP）数据

本·真.区域活动中幼儿深度学习的实践研究 / 王
玉菊,冯薇主编. —— 哈尔滨:哈尔滨出版社,2024.4
　ISBN 978-7-5484-7904-8

　Ⅰ.①本… Ⅱ.①王… ②冯… Ⅲ.①学前教育—教
学研究 Ⅳ.①G612

中国国家版本馆CIP数据核字(2024)第096437号

书　　名：本·真.　区域活动中幼儿深度学习的实践研究
BEN·ZHEN.　QUYU HUODONGZHONG YOUER SHENDU XUEXI DE SHIJIANYANJIU

作　　者：王玉菊　冯　薇　主编
责任编辑：李金秋
装帧设计：百悦兰堂

出版发行：哈尔滨出版社（Harbin Publishing House）
社　　址：哈尔滨市香坊区泰山路82-9号　　邮编：150090
经　　销：全国新华书店
印　　刷：廊坊市海涛印刷有限公司
网　　址：www.hrbcbs.com
E-mail：hrbcbs@yeah.net
编辑版权热线：（0451）87900271　87900272
销售热线：（0451）87900202　87900203

开　　本：787mm×1092mm　1/16　印张：22　字数：244千字
版　　次：2024年4月第1版
印　　次：2024年4月第1次印刷
书　　号：ISBN 978-7-5484-7904-8
定　　价：98.00元（全二册）

凡购本社图书发现印装错误，请与本社印制部联系调换。
服务热线：（0451）87900279

编委会

主　编：王玉菊　冯　薇

副主编：安　瑶　韩　爽　王　玺

编　委：张　莹　白秋红　于开莲　徐慧芳　李新波

　　　　李　颖　乔　蕊　刘　杰　李皆明　谢　菲

　　　　康伊彤　陈　昆　暴　雪　刘　建　陈　思

　　　　肖金红　王　铁　张　跃　王　帅　苏晓蕊

前　言

在教育理念不断改革与发展中，深度学习理念逐渐进入学前教育领域，深度学习旨在培养幼儿能用整合、迁移、建构等学习方式解决实际问题，进而促进思维的进阶发展。更加契合学前倡导的"重视幼儿的学习过程"这一方向，能有效帮助教师解决从关注"学什么"到"怎么学"的理念转变。

我园在北京市教育规划课题《区域活动中幼儿深度学习的支持策略研究》的引领下，结合园本"本·真"悦课程的建设，带领全园教师开展了为期三年的专题研究。研究中我们深入学习深度学习理念，对接我园区域活动实际，将理论转化为适用于幼儿园保教实践的具体策略，形成适用于幼儿园区域活动的深度学习价值体系。

本套书分为理论篇、实践篇两册。《本·真——区域活动中幼儿深度学习的理论研究》从园所"本·真"文化视域下的深度学习研究、区域活动中幼儿深度学习的基本问题、区域活动中幼儿深度学习的现状分析、区域活动中幼儿深度学习的教师支持策略、区域活动中幼儿深度学习的效果、区域活动中幼儿深度学习的研究助力六个章节，梳理我们对深度学习的认识、反思与做法，形成了幼儿园区域活动中的幼儿深度学习教师支持策略理论体系。在支持教师、幼儿共同发展的同时，希望能给予同行们一些借鉴。

《本·真——区域活动中幼儿深度学习的实践研究》收录了我园区

域活动中幼儿深度学习教师支持策略的案例，是对《本·真——区域活动中幼儿深度学习的理论研究》一书的实践阐释。实践篇中按照幼儿自主游戏轨迹梳理案例，将幼儿游戏过程中的具有深度学习典型特征的片段重点提取，通过实录与分析向读者展示幼儿深度学习的行为与特征，通过"教师反思"梳理支持幼儿深度学习的核心策略，全面呈现了"深度学习"理念下的幼儿学习与教师支持。

　　本套书是《区域活动中幼儿深度学习的支持策略研究》成果的具体展现，成稿凝聚了全园集体的智慧。在此笔者对参与研究的所有干部、教师表示真切的敬意！同时感谢北京市名园长培养项目；北京市新时代名师培养项目；北京市通州区教育委员会学前科；通州区教师研修中心科研部、学前部的领导、专家、老师，感谢你们给予我们的鼓励和专业支持，使我们的成果有了完整和理想的呈现。

　　三年的探索与研究帮助我们将深度学习理念贯穿园本课程的组织与实施中，形成了适用于我园实际、适用于教师专业水平、适用于幼儿发展且独特的课程实施策略。成果的精炼将鼓励我们继续扎扎实实埋头实践，继续努力探寻哺育乐群自信、乐求真知、乐见灵动的"三乐"儿童的有效途径。

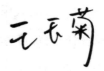

北京市通州区临河里幼儿园书记、园长

2023.11.30

序　言

深度学习的概念最早源于人工智能领域，核心是对人脑深层思维、深层次学习的模拟，通过模拟人脑的深层次抽象认知过程，实现计算机对数据的复杂运算和优化。之后随着脑科学、人工智能的快速发展，"深度学习"引起了教育学者的广泛重视。目前比较公认的教育领域的深度学习是由来自瑞典歌特堡大学的马顿（Marton）和萨乔（Saljo，R）提出的，他们于1976年让两组学生阅读相同的文本内容，以揭示他们处理特定学习任务时的差异。研究结果显示，学生在处理信息时，存在浅层加工和深度加工两种完全不同的加工水平。随后两位学者联合发表了《学习的本质区别：结果和过程》，提出了"深度学习"的概念，指出深度学习是一个知识的迁移过程，有助于学习者提高解决问题并做出决策的能力。此后，许多学者就深度学习展开研究与探讨。

国内较早介绍深度学习的是教育技术领域的学者，比如黎加厚（2005）等人认为深度学习是在理解的基础上，学习者能够批判地学习新思想和事实，并将它们融入原有的认知结构中，能够在众多思想间进行联系，并能够将已有的知识迁移到新的情境中，做出决策和解决问题的学习。之后的张浩、吴秀娟、祝智庭等人都对于深度学习的具体内涵进行了进一步解释，强调"理解""批判""知识联系""问题解决"，侧重从知识建构与迁移运用等具体微观的学习过程的角度来看待深度学习。教育学学者郭华（2018）则从宏观的角度提出深度学习是落实立德树人、发展核心素养的重要途径，深度学习是在教师引领下，学生围绕着具有挑战性的学习主题，全身心积极参与、体验成功、获得发展的有意义的学习过程。

　　学前教育领域的深度学习最早由北京师范大学冯晓霞教授于2016年在中国学前教育研究学术年会上提出，其所做报告——《区域游戏中的深度学习》，首次将"深度学习"概念引入到学前教育的视野，指出深度学习是学习者以高阶思维和实际问题的解决为目标，以整合的知识为内容，积极主动地、批判性地学习新的知识和思想，并将它们融入原有的认知结构中，且能将已有的知识迁移到新情境当中的一种学习。深度学习的提出让广大幼教工作者开始重新反思自身园所教育实践、园所课程建设过程中存在的问题，其中一个典型问题是各种主题活动组织得轰轰烈烈，但往往是横向的"拼盘"式的活动，幼儿在其中的学习多为浅尝辄止的浅表学习，缺乏纵向深入递进的深层次学习。而如果教师在活动组织的过程中能够给予幼儿更多的观察、分析以及有效的互动和支持，那么幼儿的学习是完全可以实现从浅层向深层的递进。在这样的背景下，广大实践工作者开始积极关注幼儿的深度学习，尝试相关理论研究与实践探索。北京市通州区临河里幼儿园关于区域活动中幼儿深度学习与教师支持策略的实践探索，就是其中的一个典型代表。幼儿园基于园所现状、幼儿发展需求，积极探讨如何在区域活动中有效激发幼儿的深度学习，教师如何有效支撑幼儿的深度学习，在深度学习的理论思考与实践研究方面做出了卓有成效的探索。

幼儿园首先构建了"本·真"园所特色文化与"悦"课程体系。指出教育应首先从人本、人性、人文三个角度出发，凸显教育对象即儿童本来的样子；同时强调在教育过程中做"真儿童"，遵循幼儿身心发展规律，尊重幼儿的年龄特点和学习特点，让孩子成为孩子；在教育过程中做"真教育"，强调保教并重，寓教于乐，实施科学的保育和教育，主张"生活即教育"。"本""真"结合，即构成幼儿园"本·真"园所文化特色——尊重幼儿生命的本态，遵循生命的发展规律，将幼儿作为教育的出发点与归宿。在园所"本·真"文化视域下，幼儿园进一步构建"悦"课程体系，即以"五悦"（悦读、悦动、悦行、悦思、悦美）为课程主线，构建基于五大领域的生活化、游戏化课程内容体系，培养"三乐"儿童即乐群自信、乐求真知、乐见灵动的儿童。

"本·真"文化和"悦"课程体系建设为幼儿园探讨深度学习积淀了丰厚的文化基础和课程实践基础。幼儿园综合运用多种方法，分析阅读大量文献，全面梳理了幼儿深度学习的基本理论问题，并在园所小、中、大各个年龄班开展全方位、持续性的深度学习实践探索，形成了较为丰厚的研究成果。本书即是幼儿园研究成果的集中体现。书中全面、详细地阐述了幼儿深度学习的基本问题，明确提出幼儿深度学习的基本概念，凝练了幼儿深度学习的典型特征，分析了当前园所幼儿深度学习及教师支持的基本现状，总结梳理了幼儿深度学习的教师支持策略，并考察了开展深度学习对幼儿个体发展的促进效果、对教师专业发展及园所保教质量提升的重要促进作用。整体书稿内容研究基础扎实、案例翔实，理论框架明晰，分析思路清晰，书中提出的诸多观点，都为广大学前教育工作者提供了重要的理论参考与实践借鉴。

于开莲

于首都师范大学学前教育学院

2023 年 12 月 10 日

目　录

一、以生活体验为载体，支持小班幼儿的深度学习

　　小班幼儿主要处于具体形象思维阶段，通过亲身感受和直接体验获得了相关的生活经验。因此，引导幼儿关注身边的自然事物，捕捉幼儿兴趣需要，以贴近幼儿真实的生活体验为载体开展小班深度学习更加符合小班幼儿的年龄特点。

　　小班的深度学习要和小班幼儿的实际生活经验密切联系，教师深入了解幼儿的已有经验，找到幼儿的最近发展区和兴趣点，再根据已有的生活经验和发展水平设计适宜的深度学习目标，帮助幼儿优化深度学习内容和方法，引导幼儿通过动手操作解决生活中的实际问题，从而发展幼儿解决问题的能力，助推幼儿的深度学习。

　　生活体验强调的是真实情境的建构，为此，教师在开展小班深度学习的过程中经常运用情境创设，游戏体验等形式激发幼儿的学习动机，唤起幼儿的积极情绪和求知欲，提供宽松的思考和操作的空间，支持幼儿在游戏情境中与材料充分互动，逐步实现深度学习。

　　小班将角色区确定为幼儿深度学习的重点区，在实施过程中美工区、拼插区、建构区也进行了深度学习，幼儿在游戏中频繁出现观察、倾听、回答、模仿、体验、提问、寻求帮助等深度学习方式。小班也同样可以有精彩的深度学习，主要体现在学习动机的深，幼儿积极的情绪、情感和学习热情尤其重要，能够促进多感官的深入探究，推动学习的内在动力力量。

　　陶行知先生认为："生活教育是生活所原有、生活所自营、生活所必需的教育。"在生活体验活动中，以幼儿真实的生活经验为基础，把富有生活教育价值的活动内容纳入小班幼儿的深度学习中，让幼儿在真实践、真体验中学习和发展生活经验、习惯和能力，最终培养乐群、乐游、乐友的幼儿。

小班角色区"我们一起过生日"

一、游戏缘起

在角色区游戏时，幼儿自开展"娃娃过生日"的游戏。小象说："我过生日妈妈都送了我礼物。"桃心就在美工区做一朵小花送给小象。小象还说："我过生日的时候，小朋友都来我家了。"于是他邀请建构区和美工区的小朋友一起来到娃娃家过生日。角色区活动"我们一起过生日"就开始啦！

二、游戏分享

（一）游戏一：商量角色，我来当！

区域时间，四月戴起生日帽子开始切蛋糕，家里的其他人坐在边上，糖豆扮演的妈妈托着下巴看着，小康扮演的爷爷拿着水杯，无忧扮演的爸爸在一旁坐着，小雨点扮演的奶奶在厨房忙碌。四月切完蛋糕，分给大家，生日会10分钟就结束了，角色区的幼儿在班中走来走去。小雨点说："你们都别溜达了，我们一起收拾材料吧。"

这时，教师左手拿着包，右手拿着一篮子水果，来到了娃娃家，推开门后说："哇！可真热闹啊，你们是在过生日吗？"

糖豆："我们刚刚举办了生日会。"

小象："我在准备食物，在家里我妈妈给我过生日就准备食物。"

教师："过生日真好，能吃到好吃的食物。"

糖豆："我过生日的时候，我妈妈给我打扮，给我穿裙子。"

教师："哦！原来过生日还能穿漂亮的衣服，真不错。"

畅畅："我妈妈给我吹好看的气球。"

教师："过生日真有意思，不仅能跟好朋友一起过生日，还能穿漂亮的衣服，吃美味的食物，还能把家里装饰得漂漂亮亮，过生日可真好啊！"

在之后的游戏中，幼儿不断将自己的生活经验迁移到游戏中，知道过生日要提前准备礼物、打扮自己、装饰房间等，还知道过生日时要说吉祥话表示祝福，使过生日游戏逐步深入。

切菜

打扮

照顾宝宝

看见学习：在游戏过程中，幼儿模仿过生日时爸爸妈妈的行为，并围绕"过生日"话题展开讨论，说出自己在过生日的时候爸爸妈妈是怎样做的，唤起幼儿的原有经验，教师鼓励幼儿模仿成人的行为及动作语言，运用到自己的游戏中，帮助幼儿建立角色意识，唤起对角色行为的经验，支持幼儿游戏。

支持策略：在幼儿扮演家庭角色时，出现等待和不知道应该怎样游戏的行为时，教师使用环境支持策略中的问题创设法，教师提出问题引发幼儿思考，并将幼儿发现问题、解决问题的过程性图片粘贴在墙上，鼓励幼儿想出更多的解决办法也便于其他幼儿相互学习，提升了幼儿问题解决能力。

（二）游戏二：丰富情节，我来玩！

毛毛坐在梳妆台前用梳子梳头发，用发卡卡在头上，还换上了白色裙子。小象对教师说："老师，您帮我放首生日歌吧。"音乐响起后，幼儿伴随着歌声切蛋糕。

旁边表演区的小淼来到娃娃家，举起话筒。

小淼："今天是毛毛的生日，我们一起来给他唱生日歌吧！"

小康："应该先许愿吹蜡烛，再唱生日歌。"

美工区的小布拿着一朵花来到毛毛身边："祝你生日快乐，我送你个礼物。"

小康："过生日还能收到礼物呢！"

小淼："我在家过生日，是先许愿然后吹蜡烛，最后吃蛋糕。"

小康："先送礼物，然后才能吹蜡烛切蛋糕。"

毛毛："吹蜡烛之前还要戴上生日帽。"

在游戏评价环节，教师请幼儿一起分享了自己过生日时的过程，幼儿最后商量出过生日流程，先给过生日的小朋友打扮：戴生日帽、戴眼镜，然后给蛋糕插蜡烛许愿，其他幼儿唱生日歌，过生日的幼儿吹蜡烛，最后切蛋糕。

表演区幼儿唱生日歌　　　　　　　　　　小布送礼物

看见学习： 在过生日的过程中，当幼儿面对不知道先后流程的问题时，他们能凭借自身的经验讨论出独特见解，认为应该先给过生日的小朋友打扮，表现出深度学习中的特征"理解与批判"。在听取接纳别人建议的同时批判性地接受所学知识，建立起自己对该知识的理解与看法。

支持策略： 教师使用问题引领策略中的分析提问法，帮助幼儿理清了本次活动的主要目标，激发幼儿主动探究和思考，自主解决问题，引导幼儿想一想自己过生日时的流程，在班里与小朋友可以怎样玩，提高幼儿自主解决问题能力，逐步优化幼儿的学习内容和方法。

（三）游戏三：邀请同伴，一起玩！

娃娃家的幼儿做好计划后都在娃娃家游戏，当姐姐的四月拉着老师的手说："我想邀请老师到我们家过生日，可以吗？"

教师："当然可以，你想怎么给我过生日？"说完教师坐在沙发上。

四月："潘老师，我先给您打扮一下吧。"

四月拿起化妆品，在老师的脸上擦着，又给涂起口红，拿起吹风机吹吹头发，最后戴上了生日帽和眼镜。扮演妈妈的洽洽和扮演爸爸的畅畅在一旁准备食材——蛋糕、比萨、蔬菜，表演区的小乖拿起话筒放起了生日快乐歌。

洽洽："谁想来我们家过生日呀，我们想邀请大家一起来。"

小象："我送生日礼物来了，祝你生日快乐！"

教师："我今天太开心了，谢谢你们，让我过了一个非常愉快的生日！"

在游戏评价环节，教师通过视频的方式分享了自己过生日的过程，幼儿发现这次的生日会人数增多了，还有其他区幼儿的加入。教师及时肯定了幼儿的发现，并表扬了娃娃家的幼儿，激发更多幼儿加入游戏。

幼儿为教师过生日　　　　　　　　　　幼儿准备食材

看见学习：幼儿迁移自己过生日的经验，应用到给老师过生日的过程中，知道过生日时应先打扮，再送蛋糕，吹蜡烛许愿等环节，表现深度学习特征"迁移与应用"。在迁移应用的过程中，主动邀请其他区幼儿加入，拓展游戏宽度及深度。

支持策略：教师使用追随兴趣策略中的谈话法，针对幼儿感兴趣的内容进行谈话，了解到幼儿想要与同伴过生日，及时介入与幼儿交谈，运用提问的方式：你们想怎么给我过生日？发起谈话内容，基于幼儿的知识经验，顺应幼儿的学习特点，以此来引发更多幼儿参与到活动中，形成学习主题。

三、收获时刻

（一）幼儿的进步

在"我们一起过生日"游戏中，幼儿愿意将自己的生活经验迁移到游戏中，模仿身边角色，并能够围绕问题表达自己的想法，分享自己的经验，在不断模仿中形成新的游戏经验。随着游戏的深入开展，幼幼间的互动沟通逐渐增多，社会性交往逐步提高。在计划环节，幼儿明确自己的角色意识，能根据不同角色搭配不同服装道具；在游戏中，运用语言进行交流，大胆提出自己的需求，能主动邀请客人加入角色游戏；在游戏评价环节，能在教师的引导下分享自己的游戏经验。通过亲身体验、经验回顾、情景再现，满足与支持幼儿持续游戏的兴趣与能力。

（二）教师的发现

1. 以幼儿为主思考者，推动幼儿积极思考

在整个过程中，当教师发现幼儿角色意识不分明时，以幼儿为主思考者，师幼共同讨论解决办法，最终运用贴照片的形式确定角色，每天选好任务牌后再进区游戏。师幼共同制作所需要的姓名贴，幼儿获得成

就感，提高自主思考、解决问题的能力，游戏水平不断提升。

2. 以幼儿兴趣为主，激发幼儿持续探究

在活动中，教师善于观察捕捉幼儿的兴趣点及需求，需要生日歌，教师提供。需要鲜花，教师提供。以幼儿兴趣为主，让每一个幼儿能够全程经历解决问题的过程，满足幼儿在"玩中学，学中玩"的学习特点，并且能够进行持续的探究学习。

3. 以幼儿需求为主，鼓励幼儿大胆尝试

幼儿的活动从开始到最后，明显每个孩子的性格都有了变化，从开始的不敢说，到能说、会说、敢说。以幼儿需求为主，当幼儿遇到问题，教师鼓励幼儿大胆说，鼓励幼儿动脑想办法解决，解决好后，教师给予幼儿夸奖，增强幼儿自信心。

四、游戏导图

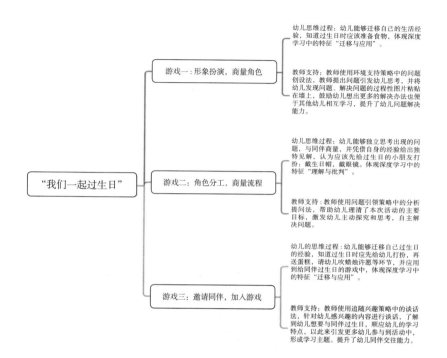

（北京市通州区临河里幼儿园　潘凌波）

小班建构区"我的小花园"

一、游戏缘起

随着游戏活动"花花世界"的开展，班中自然角的花越来越多，花摆不下了。在问题的引领下，师幼共同讨论：用什么样的花坛摆放自然角的花呢？幼儿萌发出很多想法，有的想搭建高高的花坛，有的想搭建圆形花坛，还有的想搭建三角形的花坛。基于幼儿想搭建不同花坛的想法，建构区"我的小花园"活动开始啦！

二、游戏分享

（一）游戏一：方方的花坛

在幼儿自由搭建前，教师提供一些花坛的图片支持幼儿进行观察和搭建，林林来到建构区看了看各种花坛的图片，想搭一个方形的花坛，选择四块长方形的积木用围拢的方式搭了一个小正方形。

大亨走过来说："花坛太小了吧，花盆都放不下，一起加大吧！"

教师："怎么加大呢？"大亨用积木一块挨着一块搭高，围成方形。

林林："图片上方形的花坛是这样的。"林林把每两块积木之间隔了空隙，林林和大亨用间隔垒高的方法搭建一个大的方形花坛。

畅畅："在中间搭个台子吧，用砖块垒得像墙一样。"畅畅用四个圆柱和长板在方形的花坛中间搭了个台子，把自然角的花放在花坛里，在放花的时候发现：一边的花放不进去了。

教师："为什么放不下，这要怎么办呢？"

林林："这边太窄了，应该往中间挪一挪。"

搭好方形后，又在旁边用空心积木加了两个方形的花坛，方形花坛就搭建好啦！在游戏评价环节，教师引导幼儿分享并展示幼儿的搭建作品，连续几天的游戏都搭出了不同大小的方形花坛。

幼儿搭方形的花坛

用间隔的方法围方

一边太窄了放不下花盆

搭一个三个连着的方形花坛

看见学习：幼儿通过观察花坛图片了解了花坛的形状及样式，在挑选积木后，使用不同款式积木建构出不同样式的花坛。幼儿积极尝试与思考，表现出深度学习特征"主动与探究"。

支持策略：在幼儿遇到问题时，教师使用主线贯穿策略中的问答法，引导幼儿在搭建的过程中，不断提出问题，得出结论，再尝试，再分析，再提问，在不断循环的过程中，提高思考能力、动手操作能力、搭建的技能。

（二）游戏二：圆圆的花坛

小乖来到建构区拿着花坛的图片高兴地说："我今天要搭一个圆形的花坛。"图片中的花坛是圆圆的，中间有个花瓣形状。

教师："图片里的花坛是什么样子的？"（教师手指图片中的花坛）

小乖："花坛是圆圆的，里面还有很多小道道。"

教师："你观察得很仔细，圆圆的花坛里还有像花瓣形状的装饰。"

教师："怎样才能搭出圆圆的花坛呢？"（教师手指图片中圆圆的花坛）

小乖："用积木搭个圆形，把圆形扩大。"

小乖："先搭里面的小圆，再搭外面的大圆。"

蒋兮："还可以一层圆一层圆地搭。"

教师："那怎么搭花瓣形状的装饰呢？"（教师手指图片中花瓣形状的装饰）

畅畅："用长板积木连接。"

小乖："用半圆形试试。"

幼儿用圆柱围成圆形，在圆柱上面放长板，又在外面用圆柱围成一个大圆，用半圆形积木在中间连接，摆成花瓣的样子，圆圆的花坛就搭好了！教师创设支持性环境，将幼儿的搭建作品及游戏过程粘贴在环境中，激发幼儿搭建欲望。活动开展一段时间后，幼儿不断创新出大小、材料不同的圆圆的花坛。

圆心歪了调一下　　　　　　　　　　　　放上花瓣试试

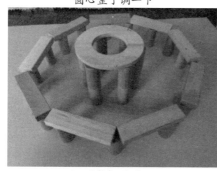

用长板围圆　　　　　　　　　　　搭成的圆圆的花坛

　　看见学习：在搭建的过程中，幼儿对不同的搭建方法做出自己的判断，结合搭建方形花坛的经验，主动进行批判性思考，建立起自己对该知识的理解与看法，表现出深度学习特征"理解与批判"。

　　支持策略：教师使用环境支持策略中的问题墙饰创设法，引导幼儿观察图片，说说图片上花坛的样子，然后再进行搭建。通过分析图片帮助幼儿梳理搭建方法。又创设搭建圆形花坛的照片步骤图及重点问题的环境，促进幼儿自主学习。

（三）游戏三：花形的花坛

随着幼儿搭建花坛的游戏经验逐渐提升，幼儿在欣赏不同花坛照片后，计划搭建花形花坛。

教师："你想选择什么样的积木搭建花形花坛？"

林林："我选择半圆形的积木，一层一层围起来。"

幼儿使用半圆积木一层一层搭高，围成小花的形状，又在中间放空心积木当花心。在摆放花的过程中，发现花坛太矮了，放不下小花盆。

教师："咦，我看到刚才你要把花盆放在上面，但是放不下。"

林林："我需要把花坛增高才能放。"

教师："怎样才能把花坛增高？"

小乖："用圆柱把半圆形架起来。"

教师："你的意思是一层圆柱，一层半圆，一层圆柱，一层半圆，对吗？"

林林、畅畅一起点点头。

幼儿找来圆柱积木把半圆形搭高，在搭建花瓣时发现用两个圆柱无法撑住半圆，半圆总是掉，中间增加一根支柱，半圆形稳固了，又用同样的方法在中间搭花心。花坛搭好后，林林把花摆在搭好的花坛上，花形花坛搭好了，建构区幼儿一起鼓掌。连续几天的游戏，幼儿对花形花坛进行创新，发现小花是有很多花瓣的，又在四周搭了一圈半圆形当作花瓣，花坛变成多层花瓣花坛！

搭建小花花坛

花坛变高

把花瓣加高

花瓣太少了

增加花瓣

漂亮的花形花坛

看见学习：在搭建花形花坛时，幼儿能够自己发现花坛不稳固的问题，通过调动搭建不同类型花坛的经验来参与当下的学习，在教师的引导下，将当下的学习内容与已有的经验建立起关联，使知识转化为与游戏有关联、能够操作与思考的内容，表现出深度学习特征"联系与建构"。

支持策略：在活动中，当幼儿遇到花坛不稳固的问题时，教师使用问题引领策略中的分析提问法，激发幼儿思考问题，找到问题出现的原因，分析问题并尝试解决，帮助幼儿树立自信心，提高问题解决的能力。

（四）游戏四：漂亮的小花园

幼儿搭建出不同款式花坛后，逐渐对建构区失去兴趣，师幼围绕花园里"有什么？"话题展开讨论，从而拓宽建构区游戏。

教师："花园里除了有花坛，还有什么？"

小小："花园里有马路，有大树。"

林林："花园里还有假山。"

甜甜："花园里还有小桥、滑梯、水池。"

大亨："还有走廊，走廊上也有很多花。"

幼儿纷纷表达自己的想法，教师使用简笔画的形式画出幼儿说的内容，请美工区幼儿涂色后，粘贴到建构区环境中。连续几天的游戏，幼儿用围拢、堆高的方法搭建花坛；用延长、连接的方法搭建小路；用架空的方式搭建小桥；用镂空的方式搭建假山底座；用半圆形当连廊等丰富花园细节。教师还提供大树、小河、假山等辅助材料，支持幼儿创设花园情境。最终，搭建出漂亮的小花园。

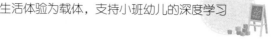

花园里的小路

漂亮的花园

花园里各种各样的花坛

花园里的假山、小河

看见学习： 幼儿能够迁移生活经验，梳理出花园里的事物，应用到建构游戏中，大胆提出自己的想法。当花园里的花不够时，能想到去其他区域制作，形成区域联动。最终，使用多种搭建方法及材料，搭建出小花园。

支持策略： 当幼儿讲述花园里的事物时，教师使用问题墙饰创设法将小花园情景创设到环境中，激发幼儿搭建兴趣，丰富搭建内容。制作环境的形式适合小班幼儿，在画一画、涂一涂的过程中，幼儿参与其中，大大激发幼儿参与兴趣。

三、收获时刻

（一）幼儿的收获

在搭建小花园时，幼儿综合运用不同搭建方法建构出不同类型的花园，能够通过自己的观察提出问题，积极思考并尝试解决。在共同搭建中相互模仿、相互学习、共同进步，在探索与尝试中增强自信心，在交流与展示中享受搭建的乐趣。

（二）教师的思考

1. 细致观察，捕捉价值点

在游戏中幼儿遇到很多问题，通过教师的细致观察，发现并深入挖掘价值点，形成学习主题。比如在活动中，教师运用定点区域观察的方法，捕捉到幼儿"想搭建不同形状花坛"的深度学习价值点，从而开展活动，支持幼儿深度学习。

2. 巧用提问，引发探究点

在幼儿遇到困难时，教师使用不同的提问方法，提出发散性或针对性的问题，引发幼儿思考活动的探究点。比如：在搭建圆圆的组合花坛时，教师提出："有没有什么好的方法可以很快搭好？"激发幼儿积极思考，促进幼儿进行分析，提出解决方案。

3. 多元支持，发展更全面

在整个活动中，教师综合使用多种支持，促进幼儿全面发展，比如：情感支持、技能支持、经验支持、材料支持、环境支持、墙饰支持等等。不同的支持方法，均对搭建活动有所帮助，幼儿的进步也不仅限于搭建技能，还表现出很多良好的学习品质。

四、游戏脉络图

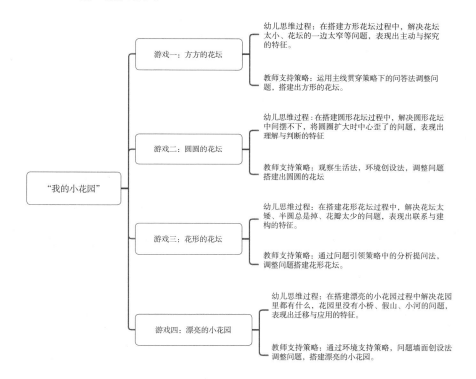

（北京市通州区临河里幼儿园　徐文华）

小班美工区"汽车商店"

一、游戏缘起

假期回来，阳阳分享去汽车博物馆参观的经历，并在美工区捏小汽车。教师识别到幼儿的游戏意图后，在美工区投放不同款式的汽车，并投放纸杯、纸筒等低结构材料。于是，幼儿在美工区使用不同的材料制作不同款式的汽车，美工区"汽车商店"的游戏就这样开始啦！

二、游戏分享

（一）游戏一：纸片平面车

游戏前，教师组织幼儿讨论制作汽车的方法和需要的材料。

教师："你们今天想怎么做汽车呢？"

哈哈："我想自己画一辆汽车，我会画。"

月亮："我看见柜子里有汽车的画纸，我要涂上好看的颜色。"

佳乐："前几天我们剪过大狮子，汽车也可以剪下来。"

哈哈画汽车时，先画了一个长方形的车身，然后在车身下，画了四个圆圈代表车轮，车身上还画了几个方形的小窗户；月亮挑选了一辆小汽车的画纸，拿出黄色的笔，沿轮廓线用平涂法涂色，之后换了一支画涂车轮。

圆圆："我的汽车涂好了，可是立不起来啊？"

月亮："上次铭铭把汽车粘到了一块积木上，我们可以用这个方法。"

圆圆把粘贴好一面的汽车，送给建构区的樱桃，樱桃摇了摇头，表示不满意，圆圆向教师寻求帮助。

教师："你们制作的汽车和我们观察的真汽车，有什么不一样呢？"

月亮："我们之前观察的汽车有两面，我这个只有一面。"

教师："那我们怎么解决呢？"

圆圆："我们可以在另外一面再画一个车，这样就是两面啦！"

教师："你的办法真棒！这样就和我们开的汽车一样了！"

最终，幼儿用绘画、涂色、撕纸、剪纸等形式，制作出了不同造型的平面汽车。教师利用游戏评价环节将绘画作品内容及方法进行分享，并针对"如何制作出两面图案一样的汽车"的问题组织幼儿讨论，吸引了更多的幼儿加入美工区，参与制作汽车的游戏。

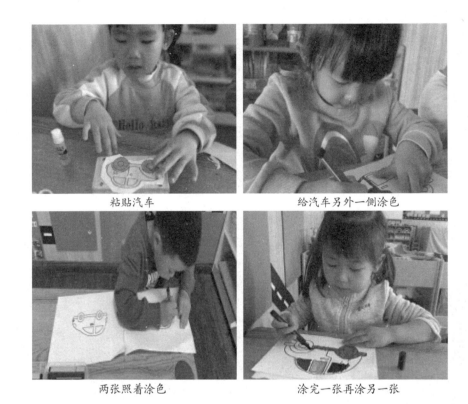

粘贴汽车　　　　　　　　给汽车另外一侧涂色

两张照着涂色　　　　　　涂完一张再涂另一张

看见学习：在制作平面汽车时，幼儿选择用绘画、涂颜色、剪纸、撕纸等方式制作。当遇到汽车立不起来的问题时，能够迁移之前积木做支撑物的方法，应用到解决汽车立不起来的问题，体现深度学习"迁移与应用"的特征。不断把旧经验应用到新的游戏中，幼儿制作水平也逐步提升。

支持策略：教师在游戏评价环节，使用拓展建构评价策略中的及时评价法，教师请幼儿回忆观察真实汽车特点，并对照自己的作品进行自评，说一说哪里需要调整，讨论怎样制作两面图案一样的汽车。通过及时评价，幼儿能发现自己作品存在的问题，在原有经验的基础上进行调整，不断完善自己的作品。

（二）游戏二：彩泥立体车

艾娃、冉雨和玥玥三个人找了一辆玩具汽车在桌子上玩了起来，一边看一边指认汽车的各个部分，这时候冉雨说："小汽车能动真好玩。"

教师："小汽车为什么可以动？"

玥玥："因为有轮子。"

艾娃马上表示自己想制作一辆带轮子的汽车。

教师："轮子是什么样子的？你想用什么方法制作呢？"

冉雨："四个轮子，我们用彩泥吧！"

艾娃："对，我们用彩泥，轮子都是一样大的。"

游戏中艾娃用彩泥先捏出了一辆小汽车的身体，冉雨用团球的方法制作了四个小球当轮胎，然后组装在一起。游戏评价环节，艾娃展示了汽车作品，幼儿发现"轮胎"已经压扁了，教师启发幼儿一起商讨解决的办法。

暖暖："粘的时候要轻一点。"

以诺："彩泥晒干了再玩，这样就不变形了。"

教师："你们的办法可真好，明天你们可以试一试这些方法。"

随着游戏的深入，幼儿结合真实汽车特征，表现出汽车的更多细节，比如汽车标志、汽车牌、反光镜、排气孔等内容。

观察汽车

制作彩泥汽车

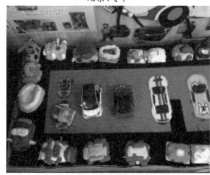
幼儿彩泥作品

创设作品展示柜

看见学习： 幼儿在认真观察汽车玩具后，用语言描述汽车的结构并说出每一个结构的细节特征，对汽车的结构有了充分的认知。在探究制作车身和轮胎时，幼儿有初步的合作意识，在合作制作中表现出深度学习特征"主动与探究"。

支持策略： 当幼儿遇到轮胎变形的问题时，教师在游戏评价环节使用拓展建构策略中的聚焦评价法，启发幼儿一起商讨解决的办法。又使用问题引领策略中的分析提问法，引导幼儿聚焦到彩泥容易变形的特点，为幼儿明确改进彩泥变形的方法，完善活动内容，助推幼儿大胆表达、深入探究汽车的制作方法。

（三）游戏三：会动组合车

可乐拿出了玩具柜中的彩泥汽车，对老师说："彩泥的小汽车不能动，不好玩。"于是，师幼围绕"建构区想要什么样的汽车"展开谈话。

西瓜："我们可以做一辆能动的小汽车！"

天天："我也想要能动的汽车，那多好玩啊！"

教师："汽车怎么才能动起来呢？"

圆圆："要做一个能转动的车轱辘。"

教师："车子因为有车轴可以转动车轮，有什么办法可以做一个能动的车轮呢？"

沛沛："我看见车轱辘中间有一个小棍，可以在轮子中间放一根小棍。"

教师鼓励幼儿在班级中寻找制作车身以及车轮的材料，幼儿找到很多瓶盖、泡沫球、毛球，通过反复摆弄后发现瓶盖和小木棒可以制作能动的车轴，选择用彩泥制作彩色的车身。

哈哈拿出两张一样大小的硬卡纸和两种颜色的彩泥，制作车身和车窗。剪两根吸管，分别粘贴在硬卡纸的两端，两端又分别安装两个瓶盖当车轮，吸管中间各放了一根小棒。固定好后又将另外一张卡纸也粘贴在吸管上，一辆可以动的小汽车就做好了。

游戏评价环节，幼儿提出"小车轮总是掉下来"的问题，教师组织幼儿再次进行讨论，商讨解决"车轮固定"的办法。幼儿通过反复尝试后，发现胶钉可以很好地固定车轮，既能固定车轮还能保持车轮的转动。

提供扎孔的瓶盖

吸管中间放木棒

固定车轮

能动的小汽车

看见学习：当幼儿遇到瓶盖没办法扎小洞的问题时，幼儿积极主动地向教师寻求帮助。在反复试误的过程中，不断分析固定小棒出现的问题，选择合适的解决办法。在选择不同固定材料时，能对材料进行理解批判，表现出深度学习特征"理解与批判"，最终解决固定车轮的问题，发现总结固定的好办法。

支持策略：当幼儿遇到如何制作能动的车轮和车轴的问题时，幼儿发现瓶盖和木棒可以制作车轴，从而让汽车动起来。教师使用判断支架策略中的经验法，及时提供胶钉的使用方法，推进活动进程，丰富幼儿使用工具的经验，支持幼儿自主解决问题，同伴合作和自主探究能力得到提升。

三、收获时刻

（一）幼儿的收获

在《汽车商店》的游戏活动中，汽车作品不断升级，从平面汽车升级为立体车再升级为会动的汽车，幼儿全神贯注于动手制作汽车游戏。使用多元制作方法，丰富幼儿美术活动经验，幼儿能大胆自主选择各种材料参与制作，表现出认真专注、兴趣浓厚、积极尝试、勇于探索、自主游戏等良好的学习品质。

（二）教师的思考

1. 以捕捉兴趣为导向，激发幼儿探究

本次活动的产生是因为班级中的幼儿喜欢汽车，并且谈论了很多关于汽车的话题，因此教师及时捕捉幼儿兴趣点进行深入探究，通过制作纸片平面车、彩泥立体车、会动组合车等不同形式的汽车，激发幼儿主动探究，从而达到游戏的深度。

2. 以丰富材料为手段，支持幼儿游戏

在幼儿制作汽车的过程中，教师提供平面画稿、彩泥、废旧物等丰富的材料供幼儿操作，支持幼儿自主选择不同的材料和方法制作汽车，发挥想象力和创造力。当幼儿遇到问题时，教师启发幼儿独立思考，通过讨论、试错等方式提高幼儿独立解决问题的能力。

3. 以分享经验为支架，拓展幼儿经验

　　教师注重发挥游戏评价环节的作用，通过游戏后的经验分享，将个别幼儿的经验转化为集体共同的经验。针对游戏中遇到的不同问题，通过教师评价、幼儿评价、师幼评价三种方式，让幼儿在不同的评价活动中收获经验，获得发展与提高。

四、游戏脉络图

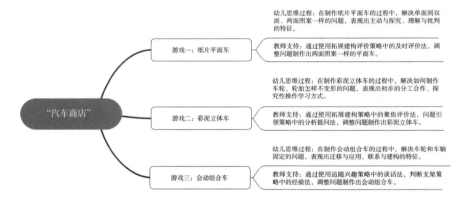

（北京市通州区临河里幼儿园　薛小娇）

小班拼插区"嘿！泡泡器"

一、游戏缘起

随着游戏活动"哇！泡泡"的开展，幼儿分别研制出带颜色的泡泡液后，开始吹泡泡游戏，发现吹泡泡器数量不够，教师提出问题："还可以用什么材料来吹泡泡？"以问题为导向，拼插区"嘿！泡泡器"游戏活动就此展开。

二、游戏分享

（一）游戏一：初代简易泡泡器

在制作泡泡器初期，幼儿在班中寻找各种材料制作泡泡。有的幼儿找到了毛根，把毛根围成有孔的样子；有的幼儿找到雪花片玩具；有的幼儿找到剪刀，用剪刀把沾泡泡液吹等等。尝试过后，幼儿发现：知道有孔的材料能吹出泡泡，可以直接找带孔的材料当吹泡泡器，还可以使用材料自制泡泡器。

幼儿用毛根围圈打结，有的用毛根围一个圈，有的幼儿围多个圈，在实验游戏中，制作出不同孔数的泡泡器。

毛根模仿吹泡泡器　　　　雪花片中间的洞　　　　　透明的泡泡

看见学习：在初步的尝试和探索中，幼儿主动在班级中寻找材料，探究吹泡泡的方法，表现出深度学习特征"主动与探究"。在寻找材料的过程中，幼儿认真动脑思考，主动选择方法去探索，积极与材料进行互动，发现身边圆环状的玩具可以模仿吹泡泡器进行尝试和游戏，结合每个材料的特点探究它的玩法和用法，发展了幼儿的想象力与创造力。

支持策略：在幼儿提出问题和需求后，教师使用主线贯穿策略中的问答法，让幼儿自己想办法解决问题，引导幼儿思考和寻找可以用来制作泡泡器的材料。教师为幼儿提供丰富的材料，鼓励幼儿去尝试，同时帮助幼儿明确目的——找到类似吹泡泡器的材料。在尝试后，和幼儿一起梳理说明简易泡泡器的成功和不足之处，激发幼儿思考，促进幼儿的好奇心和求知欲。

（二）游戏二：带把手的泡泡器

经过多次尝试，幼儿发现雪花片更加适合制作泡泡器，但是雪花片自带的小圆孔太小了，吹出来的泡泡也很小。景贤在摆弄雪花片的时候看到了拼插区的墙饰，他拿着雪花片对着墙上的拼插方法试了起来，先用雪花片围圆，又在圆下面拼插一根长棍，最后组装在一起，拼出圆环泡泡器。

在游戏评价环节，教师和景贤一起展示圆环泡泡器，并尝试用它来吹泡泡。景贤拿着泡泡器把它放进泡泡液中，拿出来时手上沾满了泡泡液，手滑滑的，通过拼插把手解决沾满泡泡液的问题。但在吹泡泡的时候又发现了新的问题，雪花片做的吹泡泡器太大了，拿着把手的时候，圆圈不能全部沾到泡泡液，又通过调整圆圈大小解决问题，最终制作出带把手的泡泡器。

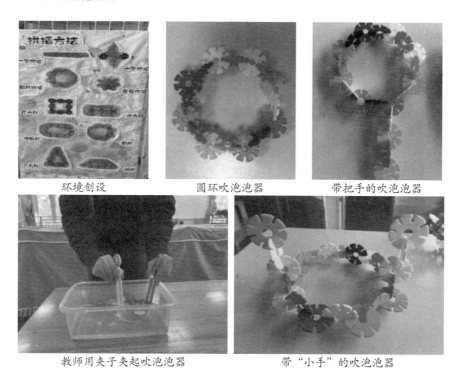

环境创设　　　　　圆环吹泡泡器　　　　带把手的吹泡泡器

教师用夹子夹起吹泡泡器　　　　带"小手"的吹泡泡器

看见学习：幼儿围绕泡泡器把手的问题展开讨论，提出了不同的意见并进行多次尝试。当教师用夹子夹出泡泡器时，幼儿能够仔细地观察被夹子夹住的吹泡泡器。在观察泡泡器细节后，清晰地说出两个夹子的位置就像"两只小手"，细致的观察与分析促进了问题的解决。

支持策略：教师使用判断支架策略中的经验法，引导幼儿在观察中发现生活经验，发现两只小夹子的造型可以运用到游戏中，将生活经验与游戏相结合，再次形成新的经验。该策略的使用，提升了幼儿解决问题能力及观察能力。

（三）游戏三：多孔泡泡器

在吹泡泡的时候，幼儿发现泡泡还没完全吹出来就破了，或者是一口气吹不出来泡泡。教师拿出买来的吹泡泡器和自制的吹泡泡器引导幼儿观察和比较，幼儿观察后发现：自制的吹泡泡器太大了。

景贤拿起雪花片，利用墙饰上的一字拼插法，将两个圆形雪花片连在一起。结合前期游戏经验，幼儿知道泡泡器的把手不能做得太长，不然圆圈不能完全泡在泡泡液里。幼儿拿起眼前的两个圆环，叠放在一起，解决了两个圆圈想同时沾到泡泡液的问题，又用几个雪花片把这两个圆环连接，多孔泡泡器就做好了！

连在一起的圆环

大小不同的圆环

叠放在一起的圆环

支架有多有少

支架保持一定距离

看见学习：当幼儿遇到吹泡泡总是破的问题时，幼儿能仔细观察自制泡泡器与购买的泡泡器，对比观察后发现自制的泡泡器太大了。结合墙饰中的拼插方法图片对泡泡器进行改造，最终制作出了多孔泡泡器。

支持策略：教师使用问题引领策略中的分析提问法，以问题为引领，引发幼儿讨论，再由幼儿提出建议，启发幼儿的进一步操作——用雪花片支撑圆环，加大圆环之间的空隙，从而让泡泡能从雪花片的各个角度同时吹出来。

三、收获时刻

（一）幼儿的收获

在使用雪花片拼插泡泡器的过程中，幼儿掌握了雪花片的基本连接方法，能够用一字连接法拼插圆形的泡泡器和把手，还能够观察拼插手册上的方法和步骤，迁移拼插的经验，逐步学会自主想象，制作出不同款式泡泡器。在交流分享方法时，幼儿逐步想说、敢说、愿意说，积极思考并表达自己的想法，提高了幼儿的语言表达能力。

（二）教师的思考

1. 需求为源

在收到幼儿的求助信号时，教师没有第一时间出手帮助，而是鼓励幼儿想办法解决，将幼儿的需求转化为活动的来源，同时为幼儿提供了宽松的操作环境和丰富的操作材料，让幼儿在感知吹泡泡器基本特征的基础上，与材料互动，尝试解决幼儿需求。

2. 尝试为基

简单的尝试过后，整体活动在一个个问题的引领下逐步进行，每次遇到新的问题，教师都会鼓励幼儿去尝试、再尝试、再解决，最终在多次尝试中从一个圆发展到最终的很多圆，从最开始的一次吹一个泡泡发展到最后一次能吹多个泡泡。

3. 体验为台

为了提高作品小主人的自信心，拓宽其他幼儿的眼界，师幼带着自己的吹泡泡器和泡泡液来到了户外，在地上铺好大张的白纸，鼓励幼儿将带颜色的泡泡吹在纸上，让幼儿看到自己的成果。幼儿喜欢与别人分享自己的劳动成果，当得到成人和同伴赞许的目光和语言时，幼儿的自信心和满足感便自然生成。

四、游戏脉络图

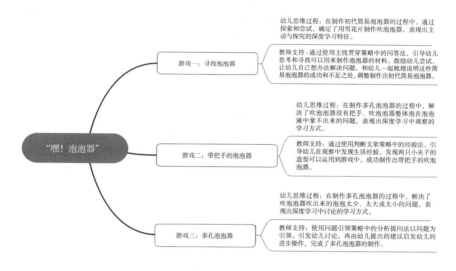

游戏一：寻找泡泡器

幼儿思维过程：在制作初代简易泡泡器的过程中，通过探索和尝试，确定了用雪花片制作吹泡泡器，表现出主动与探究的深度学习特征。

教师支持：通过使用主线贯穿策略中的问答法，引导幼儿思考和寻找可以用来制作泡泡器的材料。鼓励幼儿尝试，让幼儿自己想办法解决问题，和幼儿一起梳理说明这些简易泡泡器的成功和不足之处，调整制作出初代简易泡泡器。

"嘿！泡泡器"

游戏二：带把手的泡泡器

幼儿思维过程：在制作多孔泡泡器的过程中，解决了吹泡泡器没有把手、吹泡泡器整体泡在泡泡液中拿不出来的问题，表现出深度学习中观察的学习方式。

教师支持：通过使用判断支架策略中的经验法，引导幼儿在观察中发现生活经验，发现两只小夹子的造型可以运用到游戏中，成功制作出带把手的吹泡泡器。

游戏三：多孔泡泡器

幼儿思维过程：在制作多孔泡泡器的过程中，解决了吹泡泡器吹出来的泡泡太少、太大或太小的问题，表现出深度学习中讨论的学习方式。

教师支持：使用问题引领策略中的分析提问法以问题为引领，引发幼儿讨论，再由幼儿提出的建议启发幼儿的进步操作，完成了多孔泡泡器的制作。

（北京市通州区临河里幼儿园　姚硕）

二、以问题情境为引领，支持中班幼儿的深度学习

中班幼儿具有典型的具体形象思维，适合以探究具体事物和解决实际问题的方式来发现事物间的异同和联系，具备了初步自我控制的能力。以问题情境为引领开展中班深度学习更加符合中班幼儿年龄特点。

中班幼儿的深度学习和教师创设问题情境密切联系，引导幼儿动手动脑发现问题、分析问题和解决问题，进行各类信息的捕捉和想法的表达。教师抓住幼儿日常生活中具有探究价值的问题，支持他们在观察、操作、判断、归纳中大胆猜测，并运用所学所知来解决问题，帮助幼儿关注到事物之间的联系，自主分析问题产生的原因，引导幼儿的思考和学习逐步走向深入。

问题情境，在不同问题情境下幼儿产生不同的需要，或兴趣激发，或方法习得，或困惑解释。不同情境需要教师运用不同的问题驱动来支持。教师及时判断、甄别问题情境类别，运用问题驱动支持幼儿游戏，以帮助其获得发展。

中班将建构区确定为幼儿深度学习的重点区，在实施过程中对美工区、拼插区、表演区、图书区也进行了深度学习。幼儿在游戏中频繁出现了观察、提问、实验、记录、探究性操作、寻求帮助、搜集资料等深度学习方式。

《幼儿园保育教育质量评估指南》中强调教师要善于发现并抓住活动问题情境，给予有效支持。在问题情境中主动地发现问题，通过理解、创造和应用，去解决问题，连接幼儿游戏中的玩与学、做中学，培养探究精神，最终培养乐闻、乐习、乐知的幼儿。

中班建构区"百变机器人"

一、游戏缘起

幼儿通过观看机器人的视频、图片、模型等形式了解机器人的外形特征，开始尝试使用积木搭建机器人。初期，幼儿搭建的都是比较小的机器人，有的幼儿提出要搭建高大的机器人。因此，建构区开始搭建机器人活动。

二、游戏分享

（一）游戏一：机器人，站起来

霖霖和子之在建构区画设计图，想到环球影城的机器人是站立的，于是选择使用小积木和空心大积木搭建机器人。

教师："你们准备怎么搭建？"

霖霖："像盖楼那样，一层一层搭建。"

子之："把空心积木一横一竖地放，把竖起来的空心积木当机器人的腿。"

幼儿合作搭建，最终搭建出站起来的机器人。在游戏评价环节，教师分享之前幼儿搭建机器人的图片，引导幼儿观察图片并提问："今天的机器人和以前的机器人有什么不一样？"

稳稳："今天的机器人是站着的。"

教师："对！之前的机器人是用小积木平铺在地上，今天的机器人站起来了！"

教师："那你们再仔细观察一下，用什么方法让机器人站起来的呢？"

悠悠："把积木都摞起来了！"

稳稳："有横着的，有竖着的，有摞起来的。"

教师："没错！观察得特别仔细！将空心积木垒高当机器人身体的一部分，将一块积木横着放，再在上面竖着放，既可以当作身体的一部分，也可以当作腿、脚等！老师相信你们肯定还有更多让机器人站起来的方法，期待你们的新作品。"

连续几天，幼儿对搭建机器人非常感兴趣，建构区游戏的人数也增多了，分别搭建不同站起来的机器人，有擎天柱机器人、大黄蜂机器人。

站起来的小机器人　　　横竖摞起来的机器人　　　横着摞起来的机器人

看见学习：幼儿利用小积木搭建小小的机器人，当联想到环球影城的站立机器人时，建构出新的设计图，并结合空心大积木的特征尝试搭建站立的机器人，表现出深度学习特征"联系与建构"。幼儿将生活中的现象联系建构到新游戏中，激发新的游戏意图，形成新的游戏经验。

支持策略：教师使用活动观察策略中的作品比较法，运用空心积木搭建的方法进行启发，激发幼儿运用不同的搭建方法搭建不同的机器人，进而激发其去尝试和探究，逐步发展幼儿的高阶思维和解决实际问题的能力。

（二）游戏二：机器人，高起来

在搭建机器人的过程中，幼儿从楼道里搬来了很多椅子，计划用椅子和积木组合搭建机器人。

天天："咱们用椅子当机器人的腿。"

淼淼："我还想用桌子当它的腿，用空心积木当身体。"

天天："稳稳，你帮我们抬一下桌子啊，我和淼淼抬不动。"

幼儿合力把桌子抬到了建构区，有的负责搬积木，有的负责搭建身体，最终搭建出高高大大的机器人。在游戏评价时，教师请淼淼进行分享："今天建构区来了一个高高大大的机器人！我们一起看一看吧！这个机器人是用什么材料搭建的？怎么比老师还高呢！"

淼淼："我今天用了桌子来搭建，桌子就当作它的腿了，而且桌子很高！"

子心："我和姐姐搭的机器人利用到了椅子！"

教师："哦，我知道了！原来生活中很多物品，都能作为搭建中的辅助材料。不光只用积木搭建，还可以用其他材料代替！"

　　游戏评价环节的分享，再次激发了幼儿的搭建兴趣，利用班中桌椅搭建机器人。幼儿还为这些高高大大的机器人起了名字，有大眼萌机器人、长脖子机器人、椅子手臂机器人等。

利用桌子搭建高大的机器人

利用椅子当作手臂

利用椅子搭建

利用桌子搭建

用桌子搭建高大的机器人

　　看见学习：在搭建过程中，幼儿能够动脑筋寻找可替代的材料，并与空心积木进行替换。在整个探究性操作的过程中，利用桌子增加机器人的高度，找寻适宜的材料进行代替，反复调整，积极思考，合作搭建出高高大大的机器人。

支持策略： 教师使用问题引领策略中的分析提问法，通过分析并提出针对性的问题，激发幼儿主动思考解决办法，而不是教师直接告诉幼儿解决办法。同时，引导幼儿回忆同伴之前运用到的好方法，鼓励幼儿寻找可代替材料，完成自己的搭建计划。

（三）游戏三：机器人，动起来

晗晗在拼插区拼出一个可以变形、脖子可以动的机器人，在游戏评价环节进行分享、演示，激发起建构区幼儿搭建会动的机器人的想法。

1.脖子会动的机器人

可心、可爱在搭建过程中发现机器人的脖子动不了，只能手动转动。

可心："老师，我们这个机器人脖子动不起来。"

教师："我们的脖子除了上下点头可以动，还可以怎么动呢？"

可心："还可以这样（头左右摆）。"

教师："对，看过新疆舞吗？可以左右动脖子呢！（演示）这下想想你们的机器人脖子可以怎么动呢？"

可爱："姐姐，你看。"说完，就拿起她那边的长木板往前推，脖子往前移动了，可心看到也拿起她这边的长木板往前推，脖子也移动了，就这样两个人一前一后地推动木板，脖子就左右动了起来。

在游戏评价时，老师请可心、可爱进行了演示并且将她们想出"动"的方法与新疆舞的动脖子的舞姿一起展示，帮助幼儿更好地理解脖子动起来的方式，支持幼儿搭建会动的机器人。

脖子会动的机器人

推动桌子腿可以动的机器人

可以左右动的机器人

左右推动机器人

看见学习：两人能够有计划地搭建一个脖子会动的机器人，发现脖子和手不能转动的问题后，围绕"怎样让脖子动起来"展开讨论。在讨论过程中，幼儿能够表达观点并陈述理由，并给予同伴清晰的解释，不断优化游戏内容与方法。

支持策略：教师使用拓展建构评价策略中的及时评价法，引导幼儿想一想脖子都可以怎样动。除了上下点头、左右摆头，利用幼儿对新疆舞动脖子的认知，引导幼儿知道脖子还可以左右横着动起来，激发幼儿思考让脖子左右动起来的好方法。

2. 脚会动的机器人

亦可："我们今天搭一个可以脚动的机器人吧！"

森森说计划，子心画设计图，其他人商量积木的摆放位置，然后开始搭建。

教师："哇，你们的机器人搭好啦，我能看一看它的脚是怎么动的吗？"

幼儿在尝试中机器人整个都塌了，你看看我，我看看你，谁也不说话。

教师："为什么会一推就倒了呢？"

森森："我推不动，一使劲就倒了。"

教师："对，为什么倒？怎么调整呢？"

幼儿摇摇头，教师播放坦克行进的视频，引导幼儿观察坦克行进方法。

教师："坦克的车轮就像机器人的脚，你们想想如果是机器人的脚可不可以像坦克一样动呢？"

子心："就像滚轮那样。"

教师："对，那咱们班有什么积木是可以滚起来？"

可爱："这个圆柱可以滚。"（演示）

其他人把积木都拿来放在地上，摆成两行，并且把长木板放在了上面，几个人还合力搬来了桌子，开始搭建。搭建完后教师请幼儿分享展示，发现原来机器人能够一直往前走，有的幼儿负责往前推，有的幼儿负责循环换圆柱积木，最后让机器人的脚动起来。幼儿迁移方法，应用到每天的搭建游戏中，搭建出不同款式能动的机器人。

圆柱当作移动的脚　　　　合力抬桌子　　　　利用桌子进行搭建

搭建细节部位　　　　成功搭建脚可以移动的机器人

看见学习：幼儿看完坦克的前进视频，分工合作利用圆柱体积木滚动的原理让机器人动起来，有明确的分工合作意识，活动时会就任务安排进行协商交流，分析任务，合理分工；在让机器人动起来的过程中，同伴能各司其职，有效合作，形成团队合力；在活动过程中遇到困难，能够联系坦克的运行，重新高效地投入到任务中去，体现了深度学习特征"联系与建构"。

支持策略：教师使用判断支架策略中的对比法，提供坦克行进的视频，引导幼儿观察坦克行进的特点，了解履带的作用，激发幼儿探究的兴趣，再想一想用什么材料能够滚动，并对比坦克行进方式后，选出最优的材料，助推深度学习的开展。

三、收获时刻

（一）幼儿的进步

在游戏过程中，幼儿从使用大积木搭建——结合桌椅搭建——机器人动起来，在机器人动起来的过程中又探索出多种可动的方法，从脖子可移动——手动——借力动——手动和借力动，幼儿积极动脑筋、大胆操作，表现出较强的创造力和想象力，还运用比较解决搭建游戏中的问题，培养幼儿认真观察、积极思考、大胆创造的学习品质。在分享作品时，通过发现作品的异同，迁移经验，提高幼儿搭建方法和技巧，为后续搭建活动做铺垫。

（二）教师的感悟

1. 追随兴趣，形成探究内容

在整个搭建机器人的过程中，教师追随幼儿兴趣，形成探究内容，不断激发每一个幼儿亲自动手操作，全程经历解决问题的过程，满足幼儿在"玩中学，学中玩"的学习特点，在整个探究中，鼓励幼儿在"站起来、高起来、动起来"中，形成持续探究。

2. 问题引领，推动持续深入

通过以问题为引领，激发幼儿在搭建中能够主动发现问题、积极思考、与同伴共同解决问题，引发幼儿深度学习。能够思考问题的复杂化，解决方法和策略的多样化，推动问题的不断深入，从而获得新经验和新技能。

3. 及时肯定，激发持续探究

在幼儿搭建过程中，教师是观察者、支持者、推动者，了解幼儿的游戏意愿，对幼儿建构的认同，支持幼儿持续探究，使幼儿深入的探究得到持续保障。过程中激发幼儿主动探究和尝试，与同伴享受成功，激发幼儿持续深入探究的动力。

四、游戏脉络图

幼儿思维过程：幼儿利用小积木搭建小小的机器人，联想到环球影城的机器人都是站立的，所以重新建构自己的设计的机器人，尝试搭建站起来的机器人，在搭建过程中，能够主动思考搭建站起来的机器人的方法，有挑战的意愿。体现了联系与建构的深度学习特征。

游戏一：机器人，站起来

教师支持：通过使用活动观察策略中的作品比较法，激发幼儿搭建学习欲望，运用空心积木搭建的方法进行启发，激发幼儿能够运用不同的搭建方法，搭建不同的站起来的机器人。

幼儿思维过程：当材料不够时，能够动脑筋寻找可代替的、适宜的材料，表现出探究性操作的深度学习的学习方式，并且能够将环球影城中高大的机器人形象迁移到自己的搭建上，想到办法利用点子来增加高度，体现了迁移与应用的深度学习特征。

游戏二：机器人，高起来

教师支持：通过使用问题引领策略中的分析提问法，激发幼儿动脑筋办法，引导幼儿回忆同伴之前运用到的方法，思考是否能够迁移到自己的搭建中，鼓励幼儿寻找可代替的材料，而不是老师直接告诉解决的办法，完成自己的搭建计划。

"百变机器人"

1. 脖子会动的机器人

幼儿思维过程：幼儿能够有计划地进行搭建，搭建后发现脖子只能靠手动来完成转动的问题，没有达到想要的效果，幼儿两次进行讨论，及时地想办法调整，体现了讨论的学习方式。

教师支持：通过使用拓展建构评价策略中的及时评价法，引导幼儿一想脖子部可以怎么样动？利用幼儿对新调舞动脖子的认知，引导幼儿知道脖子还可以左右横着动起来，激发幼儿思办法让机器人的脖子可以左右动起来的好方法。

游戏三：机器人，动起来

2. 脚会动的机器人

幼儿思维过程：幼儿在看完坦克的前进视频后，利用圆柱积木滚顶的原理让机器人动起来，整个过程，幼儿能够协商交流，分析任务，合理分工，有效合作，体现了分工与合作的学习方式。

教师支持：通过使用判断支架策略中的对比法，提供坦克前进走的视频，引导幼儿坦克前进的特点，了解履带的作用，激发幼儿探究的兴趣，想一想用什么材料能够滚动，与坦克前进进行对比，选出最优的材料，为深度学习的开展提供支持。

（北京市通州区临河里幼儿园　龚佳）

中班美工区"蜗牛的新房子"

一、游戏缘起

每个孩子在自然角都有一只属于自己的蜗牛，钰钰在自然角照顾蜗牛时说："小蜗牛们住在一起太挤了，我想给它们换个大房子。"幼儿把蜗牛换到大瓶子里，用贴画装饰房子，并起名为"瓶子蜗牛房"。教师捕捉到教育契机，结合美工区的废旧纸盒、瓶子等材料，在美工区开展"蜗牛的新房子"制作活动。

二、游戏分享

（一）游戏一："浏览观光"蜗牛房

幼儿选择纸盒、饮料瓶、透明膜当蜗牛房，使用粘贴装饰物、绘画图案的方式装饰纸盒、透明膜，制作蜗牛房。

钰钰："我想用纸盒给我的蜗牛做个房子。"

教师："怎么把纸盒变成房子？"

钰钰："把纸盒剪个开口当门，在用纸片拼成三角形的屋顶。"

教师："小蜗牛在里面能呼吸吗？"

钰钰："有窗户和门，就可以呼吸空气。"

教师："贝贝，你想制作什么样的蜗牛房？"

贝贝："我用透明膜当房子，用彩泥当底板，在透明膜上画星空。"

图图："我用饮料瓶做房子，再用锡纸做装饰。"

教师："为什么想要用饮料瓶做房子？"

图图："方便观察小蜗牛，所以我要把饮料瓶剪成中间空空的样子，再放一些小花，这样看起来真好看！"

幼儿使用不同的材料制作蜗牛房，有的改变纸盒的形状，再刷上颜色；有的用彩泥当底板，用透明膜罩起来，两边留小口当门窗；还有的在饮料瓶上涂鸦，再剪开一个小口当窗户。制作完成后，幼儿将蜗牛放到自己制作的蜗牛房里，观察一段时间后，幼儿发现：纸盒蜗牛房的地面被蜗牛黏液腐蚀了，不适合长时间居住；透明膜房子底部的彩泥让蜗牛吃掉了，对蜗牛的身体不好；饮料瓶的空间小，限制了蜗牛的行动。通过分析、讨论幼儿总结出：卡纸、纸盒、彩泥等材料容易被蜗牛黏液腐蚀，不适合制作房子。因此，幼儿将制作好的蜗牛房起名为"浏览观光蜗牛房"。

制作纸盒蜗牛房的房顶

将纸板进行粘贴组合

透明膜围成星空蜗牛房

"浏览观光"蜗牛房成品

看见学习： 幼儿在探究制作蜗牛房的过程中，对活动情境非常感兴趣，积极提出需要探究的问题，自主动手操作。在整个探究性操作的过程中，幼儿积极思考，独立开展动手操作和探究，结合蜗牛的生活习性，最终制作更适合蜗牛居住的房子。

支持策略： 在对这三个蜗牛房子的分析、讨论与制作过程中，教师使用问题引领策略中的分析提问法，引导幼儿先要关注蜗牛的生活习性后再制作房子，帮助幼儿理清了制作房子的主要目标，提高幼儿自主解决问题的能力和灵活运用材料的能力，逐步优化幼儿的学习内容和方法。

（二）游戏二："游戏管道"蜗牛房

幼儿结合制作"浏览观光蜗牛房"失败的经验，选择透明、不易腐蚀的材料制作蜗牛房。

贝贝："美工区有很多的瓶子，用大瓶子做蜗牛房吧。"

教师："怎样用瓶子制作蜗牛房？"

图图："用剪刀把瓶子口剪开，然后把瓶子连在一起。"

卡卡："用大瓶子和小瓶子连接在一起，还可以让蜗牛在里面做游戏。"

兜兜："瓶子里还可以给蜗牛放一些营养土，蜗牛最喜欢潮湿的环境，瓶子里还可以装水。"

教师："小朋友的方法可真好，小蜗牛不仅可以在里面生活，还可以在里面做游戏，小蜗牛太幸福了。"

卡卡："这瓶子又滑又硬，用剪刀根本剪不开。"

教师："一定要注意安全，老师帮你们剪一刀开个口，你们再继续做。"

教师用剪刀把不同的瓶子盖和底剪开，为幼儿提供半成品，并投放到美工区。幼儿挑选大小不同的瓶子组装在一起，又使用胶枪粘贴固定，最后还放了营养土。在粘贴完瓶子后，幼儿发现里面的瓶子口被堵上了，教师利用游戏评价环节请幼儿共同想办法解决，通过反复拼摆后发现：在粘贴时，用胶枪把瓶子口和瓶子口粘在一起，瓶子之间就像管道一样，小蜗牛就能在里面爬来爬去了。通过一段时间的观察，小蜗牛在塑料瓶蜗牛房里产下蜗牛蛋，透明瓶子蜗牛房不仅能观察到蜗牛在里面的活动，还不易腐蚀，幼儿把瓶子制作的蜗牛房起名为"游戏管道"蜗牛房。

剪不动的塑料瓶子

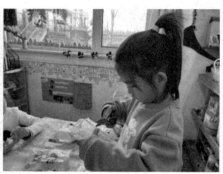
有开口的塑料瓶子

中间有通道的塑料瓶房子

爬来爬去的塑料瓶房子

看见学习： 在制作塑料瓶蜗牛房子时，幼儿有了自己的想法和设计方向，能够自主选择材料，探究制作方法，体现出深度学习特征"主动与探究"。通过反复调整摆弄材料，连接每个瓶子，形成管道。在分析、调整、组合材料过程中，动手操作验证假设，进而逐步发展幼儿的高阶思维和实际问题解决能力。

支持策略： 当幼儿发现瓶子能够提供给蜗牛最喜欢的居住环境后，

教师使用游戏评价环节策略中的及时评价法，把握最佳的评价时机，鼓励幼儿在原有的基础上使用新材料制作蜗牛房，结合蜗牛居住的特征，不断完善蜗牛房。

（三）游戏三："吃住一体"蜗牛房

幼儿将蜗牛放到制作好的蜗牛房中，每天都去观察、喂养塑料瓶蜗牛房里的蜗牛。

贝贝："这样太麻烦了，房子里要是有能让小蜗牛吃的食物就好了。"

小帅："这个主意好，能吃还能住。"

教师："怎样制作吃住一体的蜗牛房呢？"

贝贝："这个房子要大一点，才能种下蔬菜。"

说完，博文从美工区选了六根小木棍、一个塑料盒，将木棍变成支柱，把塑料盒支撑起来，架出二层的空间。

栋栋："一层是给蜗牛吃饭的地方，二层是蜗牛睡觉的地方，一层二层可以用滑梯连接起来。"

教师："用什么材料固定一层和二层？"

博文："我先用胶枪将三根木棍粘在一起，让木棍支撑住上方的塑料盒。"

栋栋："再用剪刀裁剪出四个一样大小的托盘，托盘里再放上土，种上从自然角拿来的胡萝卜放在透明底盘里让蜗牛吃。"

教师："那二层和一层之间怎么连接，蜗牛怎么下来？"

博文："做个滑梯吧！这样蜗牛就可以爬下来了。"

幼儿用剩下的透明材料改造成桌子和椅子，用彩泥做床，又在透明盒上放营养土，把胡萝卜种放在营养土里，最后把小蜗牛放在里面，"吃住一体"蜗牛房就做好啦！

塑料瓶底制作一层吃饭的地方

木棍支撑搭建房子的第二层

塑料隔板创建二层居住空间

"吃住一体"蜗牛房成品

看见学习：幼儿对制作吃住一体房非常感兴趣，能结合蜗牛的生活习性及适宜的制作材料展开讨论，讨论过程中表达观点并陈述理由，并向同伴给予清晰的解释，以此来引发更多的幼儿参与到活动中，最终制作出吃住一体的蜗牛房，体现深度学习特征"迁移与应用"。

支持策略：教师使用主线贯穿策略中的问答法，追随幼儿喜欢制作蜗牛房的兴趣，在一问一答中，识别到幼儿想制作新款式蜗牛房的意图，并鼓励尝试制作新的蜗牛房，确定新的游戏目标，助推幼儿提高大胆表达、深入探究、理解批判等能力。

三、收获时刻

（一）幼儿的成长

活动来源于真实生活及真实问题，幼儿结合蜗牛的生活习性及材料特征，从实用性出发，通过拼摆组装、粘贴固定瓶子、盒子、木棍等废旧材料，最终制作出能让蜗牛吃住一体的蜗牛房，充分发挥想象力和创造力，培养探究及动手能力；在照顾蜗牛的过程中，感知生命的奇妙，萌发并培养幼儿责任心、爱心、细心，学会关心周围的人和事物，知道尊重大自然中的每一个生命。

（二）教师的感悟

1. 以实际问题为轴，形成游戏主题，重视活动价值

幼儿通过了解蜗牛喜欢的居住环境、蜗牛喜爱的食物和蜗牛的生活习性等，以遇到的实际问题为出发点，尝试去讨论、解决发现的问题，从而形成游戏的主题，在制作蜗牛房子的过程中发掘活动价值，提高幼儿持续探究的能力。

2. 以常见材料为点，勇于创作表现，推进活动开展

在幼儿制作蜗牛房子时，教师投放了许多不同种类的常见材料，支持幼儿进行探究，并在探究中鼓励幼儿不断搜集材料，引导幼儿善于使用不同的材料进行创作表现。在制作过程中，幼儿能主动探究并积极解决遇到的问题，在问题解决中推进活动的开展。

3. 以动手制作为辅，动手操作体验，优化作品结构

　　在制作过程中，随着幼儿动手操作能力不断得到提升，从简单的粘贴绘画，到最后多种材料的裁剪、粘贴组合，幼儿在不断思考与调整中，不断优化学习内容与方法，从而完善自己的作品，让蜗牛房子更加适宜居住。

四、游戏脉络图

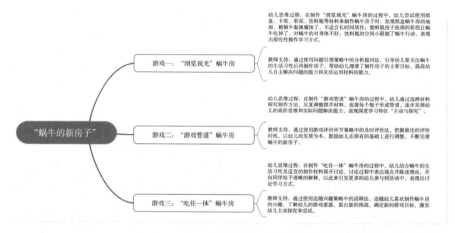

（北京市通州区临河里幼儿园　郭铭晨）

中班拼插区"探秘太空"

一、游戏缘起

在观看 9 月开学第一课后，幼儿对太空知识非常感兴趣，好奇谁可以登上太空？怎样上太空？为了让幼儿了解中国航天事业的发展历程与航天事业取得的伟大成就，向航天英雄致敬，结合班中的新玩具——磁力积木，拼插区开展了"探秘太空"游戏活动。

二、游戏分享

（一）游戏一：火箭升空了

幼儿在搭建火箭的过程中，教师投放火箭结构图、不同火箭的拼插示意图和火箭发射视频等材料，支持幼儿拼插火箭。幼儿知道了火箭的结构有助推器、一级火箭、二级火箭、整流罩、逃逸塔等。

随着幼儿对火箭的结构越来越熟悉，有的幼儿发挥想象力及创意拼插火箭。小峰在拼插时遇到了问题——他搭的火箭头总是歪的。

教师："你知道它为什么总是歪的吗？"小峰摇摇头。

教师手指着拼插玩具说："你看一看它们的磁力点。"

　　小峰翻过玩具，看了看说："火箭头只有一个磁力点，连接部分有四个，它们只能吸上一个，所以就歪了。"

　　教师："你发现火箭的磁力点，磁力点能够连接，连接后就不歪了。"

　　小峰找到两个半圆锥形，拼在一起正好和火箭头的外形一样，拼在火箭顶部就不歪了。教师利用游戏评价环节，将幼儿遇到的问题和解决办法进行分享展示，更多的幼儿拼插火箭，拼插出不同组合的火箭。

幼儿观看火箭发射视频

幼儿创意拼搭推进器

火箭头总是歪的怎么办?

各种各样的火箭

　　看见学习：在搭建火箭的过程中，幼儿能够认真观察示意图，按照图示进行拼搭，在了解火箭组成的前提下，还能够发挥自己的创意，主动探究磁力积木的秘密，搭建对称的推进器，体现了深度学习特征"主动与探究"。在搭建火箭头时，遇到了火箭头总是歪的困难，幼儿能够大胆提出自己的问题，在教师的提问引导下，主动探究，发现导致火箭头歪的原因，尝试更换不同材料解决问题。

支持策略：在解决火箭头总是歪的困难时，教师使用问题引领策略中的反思提问法，引导幼儿观察搭建磁力点，发现是因为火箭头只有一个磁力点，而连接处有四个磁力点，导致在连接时总是歪向一边，鼓励幼儿选择适宜的材料解决总是歪的问题。

（二）游戏二：对称的航天飞机

幼儿在搭建航天飞机时，根据示意图很快找出搭建航天飞机需要用的材料。教师引导幼儿观察航天飞机的结构：航天飞机可以分成三部分"头部""机身"和"机翼"。

教师指着示意图说："航天飞机总是拼不起来，示意图里是怎么拼的？"

小花："图示里红色的积木下面，还有一小块积木。"

教师："这块积木有什么用？"

小花："是连接用的，连接上面和下面的积木。"

教师："你说的很对，用小积木连接，那你准备怎么调整？"

小花："先将机头的三角都吸在这个积木上，飞机头就能够拼起来了。

小花找出一个方形磁力积木，将三角形分别吸附在四周，很快航天飞机的头部搭好了。通过几次的游戏，幼儿发现：示意图有藏起来看不到的地方。喜宝在搭建航天飞机的机身时，迁移了小花搭建飞机头的经验，找到了一块更长的积木，插入机身中间，很快将航天飞机的机身搭建好了。在搭建机翼时，先拼一列再用同样方法拼第二列，最后组装在一起。喜宝分享了自己的搭建好方法，教师将喜宝分享的方法创设成支持性环境，支持更多幼儿拼插航天飞机。

航天飞机示意图

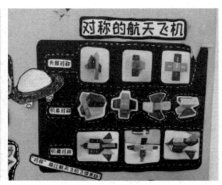
墙饰——对称的航天飞机

看见学习：在搭建航天飞机时，喜宝将飞机头部的搭建方法迁移到机身的搭建中去，体现深度学习特征"迁移与应用"。在搭建机翼过程中，小花能够观察到示意图中的机翼是大小一样的，而同伴使用的积木大小不一样，导致机身不能平稳落地，能够将示意图中的细节迁移到实际的搭建中。

支持策略：在幼儿搭建航天飞机的过程中，教师使用环境支持策略中的问题墙饰创设法，将幼儿在搭建中遇到的问题以及解决问题的过程制作成墙饰，让幼儿从墙饰中获取相关的拼插经验和解决问题的经验，养成了有问题看墙饰的自主学习习惯，为幼儿的深度学习提供支持。

（三）游戏三：了不起的宇航员

教师继续丰富拼插区环境内容，提供不同姿势的宇航员照片，引导幼儿了解宇航员结构，推进拼插区活动的开展，激发了幼儿再次拼插的兴趣。

娜娜在搭建宇航员时，宇航员的身体搭到一半总是倒，教师利用游戏评价环节，请班中幼儿一起帮忙想办法。

教师："今天娜娜在拼插区拼了宇航员身体，但宇航员的身体搭到一半总是倒，谁能来帮帮她？"

夏天："分开拼好，最后组装在一起。"

豆子："可以请同伴帮忙扶着，大家互相帮助。"

教师："宇航员为什么会倒？"

夏天："我觉得因为头重脚轻太沉导致的。"

豆子："对，所以宇航员的头不能太沉太大，身体可以大一些固定住。"

幼儿调整搭建的宇航员，有的幼儿选择用半圆组装宇航员的头，选择用小正方形、小长方形组装宇航员身体，最后把头和身体组装在一起；还有的幼儿分别拼插头、身体，最后请同伴帮忙扶着组装在一起。幼儿分别使用两种不同的方法拼插出宇航员。

分开搭建宇航员的身体

幼儿互相帮助

宇航员1

宇航员2

看见学习：在拼搭宇航员的过程中，遇到了宇航员的身体搭到一半总是倒的问题，教师在游戏评价环节提出问题，幼儿能够根据教师提出的问题进行认真、专注的思考，并在思考后对提出的问题给出回应与反馈，回答的内容有条理，可操作性强，体现了"回答"的学习方式。

支持策略：在幼儿搭建兴趣减弱时，教师及时创设幼儿感兴趣的环境，投放幼儿需要的示意图材料，激发幼儿持续学习的兴趣和探究欲望，支持深度学习的深入开展。在幼儿遇到宇航员的身体搭到一半总是倒的问题时，教师使用了拓展建构评价策略中的及时评价法，把握最佳评价时机，引导幼儿发现问题，再整合新旧经验去解决新问题。

（四）游戏四：神秘的宇宙太空

区域活动时，甜甜玩拼插完的宇航员，豆子在一旁用磁力板拼一条银河和许多星星，甜甜还使用火箭玩火箭起飞游戏。

教师："我看到你们在玩火箭起飞的游戏，对吗？"

甜甜："火箭到太空了，宇航员也出来采集样本。"

教师："真有创意的游戏，太空里都有什么？"

天天："太空还有银河系、各类的星球。"

教师："怎么拼这些呢？"

小宝："把磁力片摆成一条银河系，就是银河系了。"

天天："拼成一个球形，就是星球了。"

甜甜："把不同的圈摆一起，就是火星。"

连续几天，幼儿使用拼插玩具拼插不同的作品，把不同的圈摆在一起，拼不同的星球；把磁力片摆成一长条，拼成银河系；最后将拼好的宇航员、宇宙飞船都摆在了银河系里，幼儿又继续丰富里面的细节，比如梯子、云彩等，幼儿给作品取名为"神秘的宇宙太空"。

宇航员看星星　　　　　　　　　　神秘的宇宙太空

看见学习：幼儿在搭建的过程中，对太空这个游戏情境非常感兴趣，通过教师的提问，幼儿能够围绕太空主题大胆地表达自己的观点和想法，讨论出使用各种不同的磁力积木搭建太空场景，将火箭、宇航员、各大星球、银河系等元素组合在一起，并对教师提出的问题给予清晰的解释，体现了"讨论"的学习方式。

支持策略：教师能够关注幼儿的游戏现状，发现幼儿的游戏内容停滞不前。教师使用主线贯穿策略中的问答法，抓住游戏主线，结合问答法，引导幼儿围绕主线提问和回答，循序渐进地优化游戏内容。

三、收获时刻

（一）幼儿的成长

在《我的航天梦之太空畅想》的活动中，幼儿通过观察、搜集资料、讨论等多种方式，了解了火箭、航天飞机、宇航员等航天交通工具的基本构造。在搭建的过程中，幼儿的识图能力得到了很大提高，更加了解整体与部分之间的联系，提高了幼儿的动手操作能力，也增加了幼儿手指的灵敏度，促进幼儿精细运动。

（二）教师的发现

1. 做好准备，引发幼儿活动兴趣

教师在游戏中需要做好充足的知识和材料储备，帮助幼儿形成新的经验。充足的知识储备和材料支持，是引发幼儿活动兴趣的前提。活动前，投放航天知识绘本并观看火箭发射的视频，引发兴趣；在活动中，根据幼儿的兴趣及主题，及时投放拼搭示意图，支持活动；在活动后期，幼儿游戏兴趣减弱，及时创设幼儿感兴趣的环境，提供足够的材料、环境的支持，推动活动。

2. 有效提问，支持幼儿主动探究

在游戏中，教师及时关注幼儿的游戏情况，根据幼儿需求，通过有效的提问方式，支持幼儿主动探究，促进幼儿探究能力的发展。在搭建火箭头时发现火箭头总是歪，教师通过提问引发幼儿关注磁力点，幼儿带着问题去思考，使问题更具有聚焦性，解决搭建中出现的问题。

3. 注重评价，提高幼儿搭建水平

在游戏评价环节，教师帮助幼儿梳理新旧经验，将幼儿提出的问题进行优化、总结，帮助幼儿找到探究点，给予幼儿探索和思考的空间，助推幼儿深度学习。通过评价引发幼儿对自己搭建问题的关注，激励幼儿向新目标进行努力，促进幼儿提高搭建水平。

四、游戏脉络图

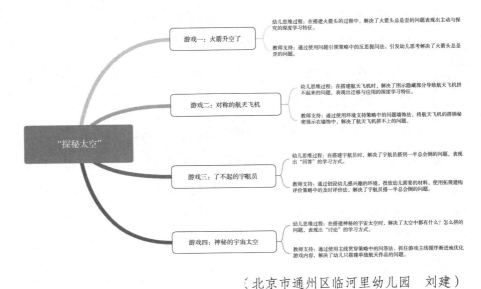

"探秘太空"

游戏一：火箭升空了
幼儿思维过程：在搭建火箭头的过程中，解决了火箭头总是歪的问题表现出主动与探究的深度学习特征。
教师支持：通过使用问题引领策略中的反思提问法，引发幼儿思考解决了火箭头总是歪的问题。

游戏二：对称的航天飞机
幼儿思维过程：在搭建航天飞机时，解决了图示隐藏部分导致航天飞机拼不起来的问题，表现出迁移与应用的深度学习特征。
教师支持：通过使用环境支持策略中的问题墙饰法，将航天飞机的拼插秘密展示在墙饰中，解决了航天飞机拼不上的问题。

游戏三：了不起的宇航员
幼儿思维过程：在搭建宇航员时，解决了宇航员搭到一半总会侧的问题，表现出"回答"的学习方式。
教师支持：通过创设幼儿感兴趣的环境，投放幼儿需要的材料，使用拓展建构评价策略中的及时评价法，解决了宇航员搭一半总会侧的问题。

游戏四：神秘的宇宙太空
幼儿思维过程：在搭建神秘的宇宙太空时，解决了太空中都有什么？怎么拼的问题，表现出"讨论"的学习方式。
教师支持：通过使用主线贯穿策略中的问答法，抓住游戏主线循序渐进地优化游戏内容，解决了幼儿只搭建单独航天作品的问题。

（北京市通州区临河里幼儿园　刘建）

中班角色区"小鸟商店"

一、游戏缘起

在过渡环节时，师幼围绕角色区商店卖什么展开交流。梵梵："我妈妈带我去小黄人商店啦！里面有小黄人的水杯和钥匙链。"乐桢："可以卖玩偶、小卡子。"贺贺说："美工区有很多小鸟作品，都没地儿放了，咱们开一个小鸟商店吧！"于是，班中的角色区就开展"小鸟商店"的游戏。

二、游戏分享

（一）游戏一：商量分工

小鸟商店营业前，幼儿制作了多种多样的小鸟商品，有小鸟钥匙链、小鸟包包、小鸟卡子、小鸟摆件等，根据商店位置，划分三个部分：收银台、售卖商品区和 DIY 区。一切准备好了，幼儿迫不及待地要开张营业，通过试营业，商店的员工不知道要干什么，客人也不知道应该做什么，还有的员工觉得场面太混乱了，员工一会儿收银、一会儿帮助客人 DIY。

汤圆："老师，悦悦没给我们钱就走了。"

悦悦："我把钱给梵梵了。"

汤圆："可是我是收银员呀。"

在游戏评价环节，汤圆将"分工不明确"的问题提出来了，幼儿开展了圆桌会议，确定了角色区的分工：DIY区的小老师在售卖区售卖商品、负责结账的收银员为客人结账。

"老师，顾客要交钱了，但总是找不到收银员。"导购员跑来和教师说。教师问道："那收银员呢？"导购员说："他去招揽顾客了。"于是教师组织幼儿召开了员工大会：讨论"如何保证顾客购买顺畅还能去招揽顾客的问题"，最终幼儿讨论出角色循环的方法，保证了买卖、招揽两不误。

收银员收钱

导购员卖商品

DIY老师指导客人

商店员工服饰

看见学习：幼儿积极主动参与小鸟商店的游戏，能自主发现"人员分工不明确"的问题，并在游戏评价环节提出问题，幼儿通过同伴交流，互相讨论此问题，在整个讨论过程中，幼儿能结合自己的生活经验和游戏经验，根据角色区的游戏内容明确分工角色，制作角色挂牌等，解决了游戏中的问题。

支持策略：在优化内容和方法的环节中，教师给予幼儿主动探究的机会和空间，支持幼儿的试误行为，敢于放手，给予幼儿自我评价的机会，引发同伴间的思考和探究，最终解决明确角色的问题，教师在过程中运用了试误体验策略，通过基于幼儿讨论的机会，给予幼儿自主解决问题的能力，从而发展幼儿解决问题的能力。

（二）游戏二：招揽顾客

1. 增加海报邀请

几天后，店里有时会没有顾客，导购员："我邀请了还没有人来怎么办？"收银员汤圆有了想法："我们做个宣传海报，这样就可以吸引顾客了。"于是，员工在 DIY 区做海报，二宝提出："客人来了！咱们得招待客人，谁做海报？"梵梵提出："我去找美工区小朋友帮忙。"

梵梵："你们谁想帮助我们商店做海报？"

开始时小朋友并没有理会，于是梵梵说："我可是给你们钱的！做两张海报给你们一块钱！你们谁想挣钱？"

这次美工区的乐桢和汤圆表示想帮忙。

梵梵："那你们像我这样做，先把小鸟粘在纸上，然后用水彩笔进行添画！颜色要鲜艳一点！好看一点儿才能招揽客人！"

海报制作完成啦！员工们开始拿着海报宣传。

经过一段时间，宣传海报也不能吸引小客人了。于是幼儿尝试邀请教师，教师充当小客人："你们店里都卖什么啊？"促销员："有钥匙链、小鸟发卡、小鸟窝，还有小鸟摆件。来看看吧！还可以打折呢！"于是幼儿将"客人与导购员的介绍商品的互动"在区域评价环节进行了分享，幼儿了解到在介绍商品时增加商品介绍内容，会让顾客感受到售卖的热情，从而能卖出更多的商品。

角色区制作海报

角色区邀请美工区制作海报

发海报邀请客人1

发海报邀请客人2

看见学习：幼儿在遇到海报数量不够时，能够主动地寻求美工区小朋友的帮助，在过程中，能够意识到"挣钱"能吸引美工区小朋友帮忙制作，快速地找到能够帮助自己的人，表现出"寻求帮助"的学习方式。

支持策略：教师使用了拓展建构评价策略中的及时评价法，肯定幼儿解决问题的方法。把握最佳的评价时机，对幼儿深度学习过程随时关注，有效观察，重视幼儿在游戏过程中的问题，引导幼儿发现问题，再整合新经验去解决问题。

2.增加数字体验馆讲解

购买过程实在太快了，顾客不到5分钟就买好离开了，又没有客人了。

收银员梵梵说："我们可以添加一个环节，就是给他们看看小鸟的视频，讲一讲小鸟知识！"

导购员汤圆说："那谁来讲呢？"

收银员梵梵说："我不行，我得收银，DIY老师帮助顾客做手工，要不你来讲吧！"

导购员汤圆说："我还要给顾客介绍商品，我不行！"

梵梵说："你可以先讲视频，然后再介绍商品！"

最终，汤圆负责了讲解的工作，她和老师、家长一起搜集小鸟的有关视频，并练习用清楚完整的话讲出来，这个方法招揽了更多的小顾客，还增加了游戏时间。

观看数字体验馆

买商品

DIY

付钱

看见学习：当幼儿发现"游客在商店停留时间较短"这一问题时，想到了增加看视频进行知识讲解的游戏内容，并增加讲解员的角色，幼儿通过协商和交流，分析角色的特征，相互协商确定分工，制定了不同的游戏角色。

支持策略：教师追随幼儿的兴趣和需求，使用环境支持策略中的材料补充法，丰富幼儿的游戏内容，顺应幼儿游戏需求，提供数字屏幕，协助幼儿创设数字体验馆墙饰，发挥材料和墙饰隐性的支持作用，推进游戏的发展，支持幼儿自主探究。

（三）游戏三：小订单大用处

1. 美工区帮助角色区制作订单商品

顾客乐桢说："你们商店有孔雀发卡吗？而且我喜欢蓝色，想要蓝色的。"

收银员梵梵说："你可以在我们的 DIY 区做呀。"

顾客乐桢："在 DIY 区做太慢了，我都没办法完成我自己区的计划了！"

汤圆："那你把你想要的画下来，我们一会儿帮你做！做好了给你送过去！但是你需要加钱！"

讨论协商后，角色区增加了订单，角色区顾客越来越多，汤圆想到了一个办法，请美工区的小朋友帮忙。

汤圆找到了美工区的小朋友："我需要做一个立体的小鸟，因为一会儿我会把这个小鸟做成钥匙链，这个鸟是紫色的，翅膀是蓝色的，眼睛是黑色的，我这有图，你们谁能给我们做出来，两单一块钱。"

乐桢立刻放下了手里的水墨画作品，照着订单制作小鸟钥匙链。后来导购员在每一次为客人介绍商品后，都会询问顾客："如果这些都没有你想要的，我们这可以定制，可以填写订单，画上你想要的商品，可以选择自己做还是我们帮你做。"根据顾客需求，定制商品。

大量订单

角色区邀请

美工区幼儿完成订单

客人定制订单

绘制订单

完成订单

看见学习：在与美工区联动游戏中，幼儿能够将需要的小鸟，用绘画的方式填写在订单中，并且能更加详细地讲解订单内容，对预定的商品提出更加全面、细致的需求，发展了幼儿的表达能力、艺术表现能力和社会性交往能力，表现出记录的学习方式。

支持策略： 在优化内容环节，教师通过角色扮演的方式成为小客人不断地提出商品需要，对美工区制作出来的商品要求越来越高。教师运用主线贯穿策略中的问答法，引出对商品的需求，得出结论，再提出进一步商品的需求，循序渐进地优化游戏内容和方法。

2. 拼插区帮助角色区制作商品

导购员汤圆："老师，他们都没钱！都不来商店买东西！"在游戏评价中提出了这个问题，大家一起说："那我们可以挣钱呀！"

梵梵："咱们班有商店卖东西就能挣钱。"

乐桢："美工区帮助角色区做订单也能挣钱。"

教师追问："其他区域呢？"

梵梵："对！拼插区有小鸟玩具，我们商店可以收玩具呀！让拼插区的小朋友给我们拼小鸟。"

汤圆："对对对！我们也像美工区一样，给拼插区画订购单，然后让他们给咱们做！"

星星想订购一个小鸟玩具："我需要一个会飞的小鸟，是齿轮带动着翅膀飞翔的小鸟。"

拼插区的胡沐阳："那颜色有要求吗？"

梵梵："颜色没有要求，翅膀能动就可以了！"胡沐阳根据导购员梵梵的要求制作了翅膀能够飞翔的小鸟。教师将幼儿游戏经过游戏点评环节进行分享，能动的拼插玩具小鸟吸引了更多幼儿的兴趣，角色区幼儿也乐于操作能动的小鸟，角色区和拼插区因游戏需求联动起来！

角色区订购能动的小鸟　　　　　　　　拼插区制作能动的小鸟

看见学习：在与拼插区联动游戏中，幼儿对预定商品更加有了自己的想法，能够考虑到：商品的畅销性、好玩性，并请拼插区制作出能够动起来的小鸟，增加营业额。幼儿角色游戏中更加有计划性和创新性，游戏性越来越强，幼儿游戏专注度越来越高。同时迁移了销售美工区立体小鸟的经验运用到与拼插区的联动中，并建构了更加新颖的想法，出售能动的小鸟来吸引顾客，这体现了深度学习特征"迁移与应用"。

支持策略：教师使用判断支持策略中的经验法，当幼儿遇到问题无法解决时，教师适当给予经验支持，引导幼儿回忆找美工区帮忙的经验，推进活动进程，找到拼插区的小朋友帮忙制作商品，拓展幼儿的新经验，发展幼儿解决问题的能力。

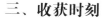

三、收获时刻

（一）幼儿的进步

幼儿有明确的角色意识，能够自主分工，遇到问题能及时交流讨论，将问题逐个击破，提升了沟通能力、同伴交往能力、解决问题的能力。体现了观察、讨论、提问、分工合作等多种深度学习方式，促进深度学习能力的提升。

（二）教师的发现

1. 深度学习促发展，提升游戏的育人力量

在整个活动中，商品需求、不固定的顾客角色、其他区域进一步的游戏意愿，促使区域间进行着联动，整个班级就像是体验馆，每个区域有着自己的游戏也同时参与着角色区的游戏，让班级中的每个区共同深度发展。

2. 多种方法解决问题，彰显游戏的学习力量

缺少顾客的问题是在整个活动中多次出现的问题，这也符合生活中的真实情境，在此过程中，我激发幼儿不断思考，分析每次的不同原因，通过多种区域联动的方式促进幼儿深度学习，成为主动学习者。

3. 游戏活动求深度，凸显游戏的协同力量

角色区幼儿通过区域联动游戏形式，促使角色游戏更加深入。从初步的角色分工，逐渐到强烈的角色意识，最后到根据角色主动思考提高商店收益的游戏行为，真正实现了区域活动的深度学习。

四、游戏脉络图

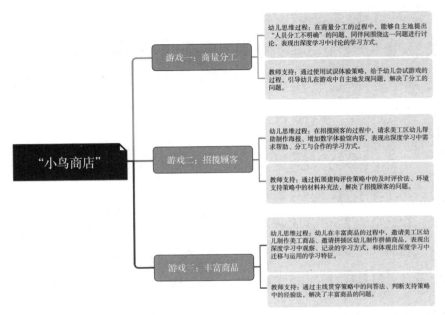

游戏一：商量分工

幼儿思维过程：在商量分工的过程中，能够自主地提出"人员分工不明确"的问题，同伴间围绕这一问题进行讨论，表现出深度学习中讨论的学习方式。

教师支持：通过使用试误体验策略，给予幼儿尝试游戏的过程，引导幼儿在游戏中自主地发现问题，解决了分工的问题。

游戏二：招揽顾客

幼儿思维过程：在招揽顾客的过程中，请求美工区幼儿帮助制作海报、增加数字体验馆内容，表现出深度学习中需求帮助、分工与合作的学习方式。

教师支持：通过拓展建构评价策略中的及时评价法、环境支持策略中的材料补充法，解决了招揽顾客的问题。

游戏三：丰富商品

幼儿思维过程：幼儿在丰富商品的过程中，邀请美工区幼儿制作美工商品、邀请拼插区幼儿制作拼插商品，表现出深度学习中观察、记录的学习方式，和体现出深度学习中迁移与运用的学习特征。

教师支持：通过主线贯穿策略中的问答法、判断支持策略中的经验法，解决了丰富商品的问题。

"小鸟商店"

（北京市通州区临河里幼儿园　康伊彤）

中班图书区"小蚂蚁的旅行"

一、游戏缘起

幼儿非常喜欢小蚂蚁，教师在植物角投放了蚂蚁观察盒，教师看到幼儿对小蚂蚁这么感兴趣，请幼儿创编"小蚂蚁的旅行"的故事，以提高孩子们讲故事的兴趣，从而了解小蚂蚁的样子并用语言表达出自己的发现，"小蚂蚁的旅行"活动开始了。

二、游戏分享

（一）游戏一：看观察盒里的蚂蚁，为创编做铺垫

开学初期，天气还比较寒冷，户外没有蚂蚁，为了支持幼儿观察蚂蚁，教师在自然角投放蚂蚁观察盒。幼儿趴在蚂蚁观察盒旁边，一边用放大镜观察蚂蚁，一边围绕小蚂蚁在做什么展开讨论。

弟弟："我们班来了新朋友，看！这只蚂蚁爬得多快呀，你看它的大肚子。"

姜来："我看到了小蚂蚁有六条腿，两个触角。"

教师："观察盒里的蚂蚁在做什么？"

禾淼："小蚂蚁还在打洞呢，好像在盖新房子。"

哈哈："小蚂蚁爬来爬去的，在钻洞。"

妞妞："小蚂蚁钻完洞之后，把蓝色的渣渣运出来了。"

牛牛："小蚂蚁之间是有分工的，它们在钻隧道的时候不撞到一起。"

小乐："五只小蚂蚁一起在运粮食。"

乐乐："小蚂蚁好像在蚂蚁工坊里旅行，在各个地方钻来钻去。"

幼儿对观察盒里的蚂蚁非常感兴趣，过渡环节时幼儿总是趴到观察盒前面观察蚂蚁，并描述出蚂蚁的形态及蚂蚁所做的事情。

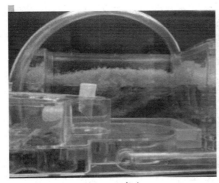
蚂蚁观察盒

幼儿看看着观察盒里的蚂蚁讲述

看见学习：通过观察蚂蚁盒里的蚂蚁，幼儿能主动描述蚂蚁的形态，并有计划地观察到蚂蚁的外形特征。在观察到蚂蚁打洞时，能想象到小蚂蚁是在盖新房子，打好的隧道像是蚂蚁工坊。幼儿对蚂蚁特征的描述和丰富语言的讲述，体现深度学习特征"主动与探究"。

支持策略：图书区创编故事的开展，源于班级主题的开展，教师使用主线贯穿策略中的脉络法，引导幼儿观察蚂蚁盒里的蚂蚁，看到了蚂蚁的形态，有大肚子，还有六条腿，两个触角等；并且还观察到蚂蚁在里边打洞，通过观察打洞，看到了蚂蚁在不同的隧道却不相撞，在蚂蚁工作前有分工。教师将幼儿的学习内容和方法梳理成脉络，总结归纳，跟随着主线，把握主题，与幼儿围绕主题开展相关活动。

（二）游戏二：放蚂蚁到植物盆里，丰富创编内容

幼儿观察蚂蚁的兴趣逐渐增高，幼儿把观察盒里的蚂蚁用镊子夹出来，放到植物盆里，小蚂蚁开始草莓盆中的"旅行"。

果果："哇，小蚂蚁来到草莓盆里了，快看！它爬到草莓叶子下边去了。"

瑶瑶："给它喂一些蜜豆卷，它尝了一口说：'好甜呀，这里的食物真美味'。"

麦琪："快来吃小热狗吧，唉，它爬走了，看来它不喜欢吃。那我给你用树枝搭一座小桥吧，你爬上来吧。"

教师："孩子们，小蚂蚁最喜欢哪个食物？"

麦琪："它喜欢吃蜜豆卷，甜的食物。"

允儿："我给它放一个松果，看它能当成楼梯一样爬上来吗？小蚂蚁，你要加油呀！"

蕾蕾："小蚂蚁要去草莓根旅行了，要去挖宝藏啦！"

教师："你的想法真有创意，小蚂蚁还能做什么？"

果果："我们可以把自己的旅行故事也编进去，小蚂蚁也能到处去旅行。"

教师："你们的创意太好了，小蚂蚁的故事内容越来越丰富了！"

幼儿继续观察植物盆里的蚂蚁，边观察边使用四要素表格记录过程，幼儿还加入自己的想象，迁移自己的旅行经验，让小蚂蚁在草莓盆里的"旅行"更加有意思，丰富了创编内容。

幼儿观察草莓盆里的蚂蚁　　　　　　幼儿在蜜豆卷上

幼儿记录故事　　　　　　故事《快乐的两只小蚂蚁》

看见学习：在这个阶段的活动中，幼儿改变了蚂蚁的活动场地，加入了道具和食物，在此基础上对小蚂蚁的新环境进行了故事的创编，幼儿迁移创编故事的经验，加入道具，应用到新的创编故事中。又通过对比不同的食物，得知蚂蚁喜欢吃甜的食物，体现了深度学习特征"迁移与应用"。

支持策略：在植物盆观察蚂蚁的过程中，教师使用问题引领策略中的分析提问法，适当介入，关注幼儿的动态，捕捉幼儿的需求点，"小蚂蚁喜欢什么样的食物呢？小蚂蚁还能做什么呢？"相关问题的提问，使幼儿了解到了相关的知识点，达成了目标。同时，幼儿大胆想象、进行创新，进而让故事更丰富、更有层次。

（三）游戏三：寻户外的蚂蚁，增加创编情节

天气慢慢转暖，幼儿尝试在户外寻找小蚂蚁，有的在树上找、有的在土里找，还有的在玩具柜里……最终在操场围栏处发现了蚂蚁。

蕾蕾："快看，这儿有一只小蚂蚁，在围栏处。"

乐乐："它爬得好慢呀，为什么呢？"

教师："那为什么我们找了这么多地方，只有在这里发现了？"

晓晓："因为这里暖和。"

瑶瑶："是的，它喜欢暖和的地方，其他地方没有阳光，太冷了。"

蕾蕾："蚂蚁喜欢吃蜜豆卷，甜的东西，咱们明天带点食物出来吧，它们可能饿了。"

第二天，幼儿把早饭中的蜜豆卷还有收集到的红薯干放到了栅栏边。一段时间后，幼儿看到红薯干吸引了很多的蚂蚁，非常兴奋，高兴地跳了起来。

可心："我们又可以在故事中增加情节了，这样故事更丰富了。"

幼儿在围栏处发现蚂蚁　　　　　　　红薯干吸引了很多蚂蚁

看见学习：幼儿在操场上的围栏处寻找蚂蚁踪迹。幼儿之间讨论和猜想，激发了幼儿思考的能力，最终探索出是因为这里阳光充足。教师的适时提问，激发了幼儿主动探究的能力，逐步寻找到问题的答案。

支持策略：在这个环节中，教师使用活动观察策略中的参与法，与幼儿一起在户外寻找蚂蚁，关注幼儿兴趣，激发幼儿的研究欲望，并给幼儿提供相应的食物，来吸引蚂蚁，支持幼儿接下来的活动。

（四）游戏四：探蚂蚁分解食物，优化创编内容

一周以后，幼儿发现围栏处的红薯干变了样子。

教师："这么大的红薯干，它们怎么搬走的呢？"

安博："它们会用牙齿把红薯干咬碎的，然后再搬走。"

教师："那它们怎么搬走这么多的碎呢？"

李晟宇："它们会散发信息素，告诉更多的蚂蚁这里有食物，然后一起搬走。"

幼儿结合前期的认知经验，猜测蚂蚁分解红薯干的过程：蚂蚁用牙齿把红薯干咬成了粉末状，用触角或者是嘴巴一点一点搬回了家。

仔昕："小蚂蚁太厉害了，真是力量大，我们继续创编故事吧。"

幼儿绘画小蚂蚁分解食物的过程，在不同的表格中记录在不同阶段蚂蚁分解食物的样子，并创编故事《团结的小蚂蚁》。

蚂蚁分解红薯干

幼儿创编《团结的小蚂蚁》

看见学习：幼儿持续性地观察，根据以往的经验和知识的查询和搜集到的资料，探究出蚂蚁用牙齿分解了红薯干，搬回了家，体现了深度学习特征"主动与探究"。幼儿在户外仔细地观察蚂蚁分解红薯干，并看到小蚂蚁团结合作一起把分解的红薯干碎末搬回了家。

支持策略：在这个环节中，教师使用问题引领策略中的分析提问法，在看到红薯干被分解后，教师提出问题，红薯干怎么被搬走了？幼儿经过探究、与教师一起查阅资料，得知了这一答案。幼儿依据这一情节，最后一起创编了故事《团结的小蚂蚁》。

三、收获时刻

（一）幼儿的进步

在这次创编故事的活动中，幼儿通过观察、讨论、提问、探究性操作、记录等多种行为不断地发现、解决创编故事中遇到的问题。同时幼儿用图形、符号创编故事，提升了幼儿图形表征能力。根据表演区幼儿提出的游戏需求，不断优化图书区幼儿的游戏内容，发展幼儿创造性、创新性思维等能力。

（二）教师的发现

1. 巧用提问，寻找探究点

故事讲述活动的开展贯穿于班级主题的开展，每一次问题的引出，促使了幼儿的思考，激发起了幼儿浓厚的兴趣。比如："小蚂蚁为什么爬到了草莓盆边上呢？""小蚂蚁是怎么样把很大的红薯干搬走了呢？"幼儿在学习中探索，在探索中成长。

2. 多用策略，促深度学习

本次活动中，教师综合使用追随兴趣策略、活动观察策略、问题引领策略、主线贯穿策略等，较好地激发了幼儿的主动探究。教师为幼儿投放丰富的材料，适时介入提问，幼儿的游戏层层递进，深入发展。

3. 多元支持，助全面发展

在整个活动中，教师使用多元化的策略，如：材料支持、情感支持、经验支持、环境支持等等，支持幼儿深度学习。多元化的游戏环境，拓展幼儿探索空间，师幼从开始的室内观察，到后期的室外观察，拓展幼儿的思路，丰富绘本内容。

四、游戏脉络图

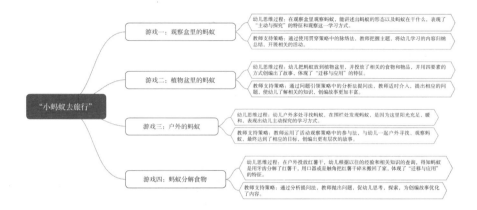

（北京市通州区临河里幼儿园　李薇薇）

中班表演区"团结的蚂蚁"

一、游戏缘起

开学初，结合"蚂蚁"主题活动开展了"蚂蚁和西瓜"教育活动，幼儿对绘本里面小蚂蚁搬西瓜推、顶、手脚并用的动作十分感兴趣。过渡环节师幼观看了其他幼儿演的绘本剧，幼儿看得津津有味，也想进行表演。

幼儿在教育活动中模仿小蚂蚁　　　　幼儿模仿小蚂蚁用后背顶西瓜

二、游戏分享

（一）游戏一：蚂蚁剧目"初长成"——备起来

1. 模仿动作

　　教师在班级里投放了蚂蚁观察盒，供幼儿平时进行观察小蚂蚁是怎么爬的，还在表演区投放蚂蚁搬运食物的视频，幼儿通过观察了班里的蚂蚁和观看视频，模仿小蚂蚁用触角传递信息、爬行和搬运食物的动作，用丝巾、椅子来替代食物，有背着食物的，拉着食物的，对于小蚂蚁来说椅子太沉了，几个幼儿决定一起合作抬着搬运。

幼儿观察蚂蚁

幼儿观看蚂蚁视频

幼儿模仿爬行和搬运食物的动作

幼儿模仿合作搬运动作

　　看见学习：幼儿以观察蚂蚁为基础，充分了解蚂蚁行进方式和搬运食物的方法，幼儿联系蚂蚁爬行的动作，寻找身边的替代材料，运用自己的动作进行模仿，建构出自己表演搬运的动作，丰富了已有经验，表现出了"模仿"的学习方式。

支持策略： 在幼儿进行观察蚂蚁后，为丰富幼儿经验，教师使用环境支持策略中的材料补充法，为幼儿提供了一只蚂蚁搬运食物的视频和多只蚂蚁合作搬运的视频，供幼儿观察模仿，激发幼儿表演蚂蚁搬运食物的兴趣，鼓励幼儿创造自己的动作。

2. 准备材料

演出开始了，幼儿用小车代替西瓜，演出后讨论："你们喜欢他们的表演吗？"

果果："要真有个大西瓜就好了！"

表演区的天天找到美工区小小说："你们能帮我们做个西瓜吗？"

小小点头同意，几个人合作用 KT 板制作的大西瓜。表演区幼儿拿到西瓜后，表演用铲子挖下来的西瓜块时，发现只能还用小积木代替，不像西瓜。于是又向美工区幼儿提出需求。

小潘："这个西瓜我们没有办法挖，你们能做一个可以挖的西瓜吗？一块一块的。"弟弟想到把西瓜切成一块一块的，再拼起来。再次表演时，发现西瓜不能立起来，幼儿制作一块大草地，把西瓜粘在草地上。

可是拼起来并不知道每块的位置，只好找老师帮忙。

在游戏评价环节进行讨论，博博想到："像拼图一样我们可以标上数字。"果果："可以画些西瓜子，上面标上数字，草地上也标上数字。"解决了每一块西瓜的位置的问题。

找美工区小朋友提出制作需求

表演区小朋友用整块西瓜表演

幼儿为每块西瓜子编号

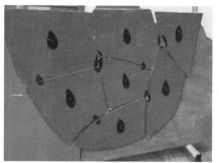

制作好可以分解的西瓜

看见学习： 在表演"蚂蚁搬西瓜"时，幼儿开始选择积木车代替的方法，但通过讨论发现缺少西瓜道具，于是幼儿向美工区幼儿寻求帮助，帮忙制作西瓜道具，在制作整个西瓜后幼儿发现无法分解，又再次提出自己的需求，大家探究出切分西瓜，并用西瓜子上写数字的方法来确定位置，通过分工合作制作好了可分解的西瓜道具，充分发挥了材料的游戏功能，表现出了寻求帮助的学习方式。

支持策略： 在幼儿提出需要道具时，教师使用追随兴趣策略中的话题法，支持幼儿自主进行联动，并根据西瓜制作的方法展开了讨论，从制作整个西瓜到制作可以分解的西瓜，再到运用数字西瓜子解决拼西瓜的问题，最终表演区与美工区进行了三次联动解决了可分解西瓜的道具问题。

3. 熟悉流程

演出又开始啦！许多"小蚂蚁"都上来一起推西瓜。

希希："不对，故事里不是这样的，是先有一只蚂蚁，再有两只蚂蚁，最后才有很多蚂蚁的。"

幼儿翻看绘本后，围绕表演中所需材料，展开讨论。

小泽："是戴帽子的小蚂蚁先出来，之后回去叫下一只蚂蚁。"

博博："那就是由戴帽子的小蚂蚁去叫，叫谁谁就上场。"

新新："我当戴帽子的小蚂蚁。"

小潘："我也想当。"

博博："戴帽子的小蚂蚁要说的话最多，我觉得小潘可以当，她能知道说什么。"

其他人也纷纷表示同意。通过竞选，小潘来扮演戴帽子的小蚂蚁，后面小蚂蚁出场顺序由戴帽子的小蚂蚁来决定。

角色分配好了，幼儿迫不及待地邀请小观众，演出很快开始了。

小潘："今天天气真好啊！呀！西瓜呢？"

小潘演着演着发现没有西瓜，就开始拼西瓜，观众们等了一会儿就离开了。经过几次演出，大家总会忘了拼西瓜或者准备西瓜皮滑梯。于是师幼决定学习一下表演绘本剧的流程，并制作成了墙饰，还制作了剧目准备提示卡，这样准备环节就不会忘记事情啦！

幼儿邀请下一位出场的小蚂蚁　　　　　　剧目准备提示卡

看见学习： 在演出时，幼儿发现表演时出现出场顺序混乱和材料准备不充分的现象，大胆地和同伴提出自己的想法，幼儿运用绘本和同伴一起讨论出场顺序的问题，并商量出了解决方案。教师和幼儿还共同学习了表演流程，在学习后，幼儿能够自己梳理表演流程，制作准备卡，保证表演的流畅性，表现出了讨论的学习方式。

支持策略： 在幼儿发现表演中出现问题时，教师使用拓展建构评价策略中的聚焦评价法，在游戏评价环节，请幼儿将发现的问题提出：表演中发现材料没有准备全，聚焦在活动前，幼儿都需要做哪些准备？幼儿通过讨论，商量出准备提示卡，在准备环节可以参考，避免遗漏环节。

（二）游戏二：蚂蚁剧目"真精彩"——演起来

1. 解决表演中的问题

随着表演的进行，观众却减少了。于是教师请售票员采访了几名小观众。

浩铭："你觉得他们的节目好看吗？"

小葛摇头："一直滑滑梯，没有结束的时候。"

小泽："他们说话声音太小了。"

教师还提供了意见本，观众将意见用绘画的形式记录下来。

于是演员们进行了讨论，决定每人只滑一次滑梯，之后就进行谢幕；戴上麦克风可以提高音量，还有就是大点声音进行表演。并让浩铭将方法记录在意见本上，演员们再次演出并邀请小观众再次观看进行点评。

售货员采访小观众

意见本里的问题和解决方法

看见学习：在观众减少时，有的观众看一半就走了，这时为发现问题，售票员对观众进行采访，观众根据自己对情节的理解，提出自己的意见，觉得表演没意思，演员声音太小了，一直滑等问题，这体现了深度学习中的"理解与批判"。在观众提出意见后，演员们进行了商讨，注意自己表演时的声音，并决定每人滑一次滑梯即演出结束。

支持策略：在幼儿表演很难吸引同伴问题出现时，教师使用拓展建构评价策略中的及时评价法，引导售票员对观众进行采访，鼓励观众表达自己的感受，解决遇到的问题，帮助表演区优化角色扮演与剧情等。

2.丰富表演中的语言、动作、表情

为了提高表演效果，教师将幼儿表演进行录制，演出后演员观看讨论，演员们发现故事中小蚂蚁的不同动作和表情没有演出来，于是幼儿把发现西瓜的惊喜、搬运西瓜的使劲、搬不动时的劳累等状态，都用动作、表情表现出来了，教师进行拍照。戴帽子的小蚂蚁指挥的情节没有体现，小潘："大家一起拿棍子翘，我给你们喊口号，一二、嘿哟！一二、嘿哟！"

滑西瓜皮环节是幼儿最喜欢的，但是每个人的动作都是一样的，于是师幼就开展了"不一样的滑法"表演征集活动，幼儿积极研究出正反滑、双人滑、用角色区售卖的彩泥蚂蚁滑、拼插区幼儿拼了蚂蚁面具也来参与活动，教师将这些照片制作成墙饰，就这样表演的语言、表情丰富了，表演效果更好啦。

幼儿一起观看表演视频　　　　　　　　不一样的滑法墙饰

看见学习：在表演的过程中，幼儿通过模仿绘本中小蚂蚁的神态，结合小组讨论和尝试，创作出惊喜、使劲、劳累、吃西瓜、分工搬运和滑西瓜皮的表情和动作。还能根据故事情节，适时地增加台词，提升表演效果。

支持策略： 教师使用拓展建构评价策略中的聚焦评价法，鼓励幼儿在不同的情节中创编丰富的动作和表情。通过开展"不一样的滑法"表演征集活动，鼓励幼儿积极思考，丰富幼儿表演经验。

（三）游戏三：蚂蚁剧目"换新颜"——玩起来

1. 新的游戏意愿，引发图书区联动

绘本表演已经不能满足幼儿的需求了，于是表演区幼儿将想要表演新剧本的愿望告诉了图书区，图书区幼儿将创编出的剧本《两只快乐的小蚂蚁》，送来了表演区。

希希："我的新剧本写好了。我给你们讲一遍吧。"

小小："好啊！"

绘本讲完后，博博："那我们准备道具吧，我看有花盆，咱们怎么做花盆呢？"

浩铭："你们得能在里面爬。"

小泽："咱们拿积木围在地垫旁边当花盆吧！"

小潘："还有学校，需要开门，咱们拿椅子当门吧！"

希希："还有彩虹。"

建构区的蹦蹦来帮忙："半圆形积木像彩虹，你们可以用这个。"

新新："我再拿些小蚂蚁搭家的积木。"

材料找来了替代物，人员还需要分工，花盆里是两只蚂蚁，幼儿园里也需要许多小蚂蚁，小小："可是我们一共四个人啊！"仔昕："那幼儿园里就两只蚂蚁吧。"就这样第一部自创剧开演啦，吸引了很多观众的观看！

图书区的剧本不断创新，表演区的演出也在不断更新，在户外幼儿给蚂蚁投放了面包渣和红薯干，创编了《小蚂蚁搬事物》。为了表现红薯干，幼儿找来了橙色的跳袋，一人穿上跳袋扮演红薯干，增加了真实的搬运难度。

幼儿观察花盆里的蚂蚁

幼儿创编绘本《两只快乐的小蚂蚁》

幼儿表演花盆里的场景

幼儿表演蚂蚁学校里的场景

看见学习：通过日常主动观察蚂蚁的活动，幼儿能够不断地联系与建构，联系生活中观察到的蚂蚁行为，建构新的故事，创编新的剧本，并由图书区幼儿来到表演区进行讲解，表演区幼儿将新的绘本内容，与已有的表演经验进行联系与建构，进行新的表演，建构新的经验。这体现了深度学习"联系与建构"的特征。

支持策略： 在表演区幼儿提出想要表演新剧本时，教师运用目标进阶策略中的递进法，根据幼儿的需求调整目标，绘本绘制完成后，需要与图书区幼儿进行互动，又进一步调整了目标，为幼儿提供进一步的支持。

2.新的剧本产生，触发美工区联动

当发现了红薯干变成粉末后，表演区进行了《小蚂蚁分解食物》的表演，为了演出被咬碎的过程，表演区幼儿请美工区幼儿制作了橘色纸团和折纸气球，在演出中新旧迁移了调查的经验，自己创编了台词：

"那我们用牙齿把红薯干咬碎吧！"大家还增加了用牙齿咬的动作。

剧目逐渐增加就会需要新的演出票。美工区的时也来到表演区问："你们表演什么呢？"

晓晓："我们在演希希的新剧本。"

时也："那我给你们画票吧，故事里都有什么啊？"

希希就给时也讲了一遍他的故事，时也点点头，回去制作了。制作后时也将票送给了角色区，角色区售票、检票，就这样表演区的开展促进了几个区之间的联动，几个区也同时帮助了表演区，使活动更加精彩。

幼儿观察到蚂蚁分解后的红薯子

幼儿表演《小蚂蚁分解食物》

美工区小朋友询问演出内容

美工区小朋友把票送给售票员

看见学习： 新的剧目增加，幼儿都想进行观看，出现观众太多的现象，幼儿能够积极思考，通过与同伴讨论出绘制演出票，每人选择一场的方法解决观众观看场次的问题，通过提问了解演出内容主动进行帮助制作演出票，表演区幼儿与角色区幼儿共同分工合作，将售票、检票、旁白、表演等内容进行讨论，共同完成演出。

支持策略： 教师使用追随兴趣策略中的谈话法，鼓励幼儿和其他区幼儿提出自己的需求，通过谈话引发幼儿准备道具，商量分工，为幼儿深度学习提供持续不断的动态支持，并贯穿始终。在有联动需求时，鼓励幼儿大胆与同伴表达，创设联动机会。

三、收获时刻

（一）幼儿的进步

在表演游戏中，幼儿在表演前通过观察蚂蚁视频和蚂蚁行为，创编绘本，发挥想象力，并进行模仿，积累表演经验。幼儿在表演时，商量角色分工及出场顺序，提高交往、合作能力。在表演后，分享表演经验时，通过大胆表征、勇于表达自己的想法，与同伴分享经验，共同进步。最终，通过探索多种表现方式，丰富语言、动作、表情，提升创造性表现能力，完成表演，获得满足感和自豪感。

（二）教师的发现

1. 游戏经验做支撑，自主交流进行表演

活动初期帮助幼儿获得了蚂蚁爬行和表演绘本剧流程的经验，表演过程老师没有过多介入，而是引导幼儿充分地理解和分析绘本情节与人物，再通过幼儿的交流，分配角色，自主地进行表演。

2. 自然资源做载体，创新剧目不断更新

挖掘幼儿园丰富的自然资源环境，引导幼儿充分、连续地观察蚂蚁的活动，根据表演区的意愿，与图书区联动，不断进行新剧本表演，在再现蚂蚁活动的情景基础上进行增加语言动作，进行创造性表演。

3. 活动需求做引领，多个区域进行联动

随着剧本的丰富，材料和环节都需要不断更新，这时根据表演区的需求，图书区、美工区、角色区都与表演区进行联动，互相促进、协同发展、逐步深入。

四、游戏脉络图

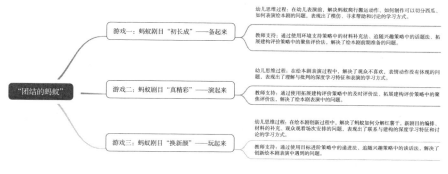

（北京市通州区临河里幼儿园　李皆明）

三、以任务驱动为途径，支持大班幼儿的深度学习

　　大班幼儿好学、好问，喜欢有挑战的学习内容，其活动的自主性、主动性有了明显的提高，活动更加有目的和计划，因此，鼓励幼儿根据自己的兴趣、需求、问题等形成目标，最终通过以幼儿的游戏计划为任务的方式支持幼儿开展深度学习，更加符合大班幼儿的年龄特点。

　　大班幼儿的深度学习和有挑战的任务密切联系，教师和幼儿共同建构游戏目标，形成任务清单，再通过制订游戏计划，讨论分工材料等完成计划的方式落实任务。其中，教师会根据游戏任务与幼儿共同商定阶段目标、制订游戏计划，并根据游戏中出现的问题进行分析、调整、找到解决方法，最终达成每个阶段的目标。在过程中，教师支持幼儿反复尝试、试误、最终优化内容和方法，完成任务，达到深度学习。

　　任务驱动更多出现在师幼对完成结果的评价中，教师会借助游戏计划重点和幼儿对每一阶段的内容达成情况进行评价，回顾使用的方法是否解决了问题或完成了任务中的目标，体现出深度学习的"方法深"，在这个任务完成的过程中，幼儿围绕问题主动积极思考和探究，学习是自主、聚焦、持续的。我们也运用了持续性评价环节的拓展建构评价策略和顺接延展评价策略，重在基于问题、需求、下一阶段的发展目标对现阶段的游戏内容和方法进行拓宽，还有幼儿与同伴完成任务过程中的行为、品质及效果的评价，同样体现深度学习的四个特征（主动与探究、理解与批判、联系与建构、迁移与应用）。

　　大班将科学区确定为深度学习的重点区，在合作化的共同学习中，与美工区、建构区、表演区、角色区、图书区呈现出联动的关系，幼儿在达成任务中频繁出现了观察、讨论、提问、探究性操作、实验、记录、分工与合作、争论与辩论等学习方式，且等级也在逐步提升。

《幼儿园入学准备教育指导要点》中也强调了任务意识的培养，在区域活动中通过制订游戏计划明确和反思任务的方式，能够更好地促进幼儿的任务意识，在区域中任务是核心（是目标），是驱动幼儿掌握知识并引导幼儿应用知识的"牵引器"，以任务为导向的游戏内容能够让幼儿陷入认知困境，引发幼儿的认知冲突，有效促进高阶思维的发展，实现深度学习，使幼儿成为乐思、乐创、乐见的三乐好儿童。

大班科学区"看动画喽！"

一、游戏缘起

幼儿对图书《龙宫借宝》中孙悟空的一连串动作变化产生好奇，经过上网查询，了解到这是动画的一种表现手法，动画是一张一张图片快速翻动形成的，是视觉暂留的科学现象。在问题"怎样让画动起来"的引领下，幼儿萌发出强烈的探究欲望。"看动画喽！"主题活动就此拉开序幕。

二、游戏分享

（一）游戏一：第一代轮子放映机

通过组装科学实验包，幼儿发现动画机旋转的原理，即由棍子带动齿轮旋转，其中支架需要一样高。基于已有经验，尝试用乐高拼装动画机。

111

幼儿操作安装科学实验包　　　　　　　　幼儿操作科学实验包

1.问题一：怎样让两个齿轮同时转起来？

分析与讨论：

大澎："转的时候总是一个齿轮转。"

教师："怎样让两个齿轮转起来呢？"

可心："实验包里的两个齿轮，是在同一根棍子上的。"

猜想与假设：

可心："用双面胶把棍子粘起来。"

大澎："胶钉不行，太沉；双面胶轻，可以试试。"

实验与验证：

幼儿用双面胶将两根短棍子连接在一起，将两个齿轮安装在一根棍子上；又将两边的支柱变成同一高度，两个齿轮能同时转动。在持续性评价环节，教师鼓励幼儿思考怎样让两个齿轮转起来，幼儿还分享新方法：两根齿轮再用一根棍子连接，转起来更稳！

两个齿轮不同高度　　　　　用双面胶试试　　　　新方法：同时连接俩齿轮

看见学习： 在制作中，幼儿迁移安装科学实验包的经验，应用到制作乐高放映机过程中，体现深度学习中的特征"迁移与应用"。幼儿通过组装实验包感知齿轮咬合可以带动旋转的原理，在自制乐高放映机的过程中，在班级及生活中寻找能够通过咬合带动旋转的材料，并在材料组合中，反复调试，实现自制放映机的旋转。幼儿的以物代物，不断反复尝试组合的行为，凸显了"探究性操作"的深度学习方式。

支持策略： 当幼儿解决两个齿轮同时转的问题后，教师使用拓展建构策略中的聚焦评价法，聚焦到齿轮不能同时转动的问题上，帮助幼儿选择粘贴材料并有初步的评判，为幼儿明确改进齿轮转动的方法，完善活动内容。

2. 问题二：如何固定支架？

幼儿选择水彩笔、胶钉、齿轮、硬卡纸等材料，制作放映机。

分析与讨论：

果果："用胶钉固定水彩笔，然后交叉在一起。"

可心："用毛根缠起来试试？"

猜想与假设：

教师："支架怎么固定？"

果果："用胶钉固定。"

町町："可以用彩泥。"

实验与验证：

第一次，幼儿使用胶钉固定，胶钉太少固定不牢，失败。

第二次，幼儿用胶钉将支架固定在硬卡纸上，再用彩泥固定。齿轮转动时，支架往里倾斜。

第三次，教师引导幼儿找找生活中相似的事物，幼儿发现班里的泥人架、幼儿园新种的果树是三根棍子支撑的，中间加了横杆支撑变得更加稳固。幼儿在水彩笔中间加上一根雪糕棍，用大量的彩泥进行固定。成功后得出结论：让支架稳稳地立起来，最少需要六根支柱。

使用毛根固定　　　　　　使用胶钉固定　　　　　　增加水彩笔支撑

看见学习：幼儿在观察、试玩中发现"人"字形支架不稳固，从调整材料增加稳定性，变为调整方法增加稳定性来解决问题。幼儿在整个探究性操作中，能够准确提出需要探究的问题，积极思考，尝试解决问题。愿意接受成人点拨，能按照点拨内容调整材料及方法。材料操作过程符合问题解决的逻辑过程。最终对自己所探究的问题给出自己的答案，且能对自己的探究发现进行完整的解释说明。

支持策略： 教师鼓励幼儿在生活中寻找支撑稳定的物品，幼儿发现四条腿的桌子、三角形的表演区衣架等，引导幼儿将自制支架与这些物品进行对比，找出问题的核心点。在优化内容与方法环节中，教师使用判断支架策略中的对比法，发展了幼儿观察、分析、选择的能力，为幼儿解决关键问题提供支架，帮助幼儿不断优化方法从而有效解决问题。

3. 问题三：怎样固定胶片更牢固？

分析与讨论：

博宇："不能转太快，胶片会掉。"

兜兜："太慢的话，会看不清画面。"

猜想与假设：

汤圆："用胶钉，方便。"

兜兜："用胶钉贴不紧，总是掉。用双面胶，黏性好。"

汤圆："用透明胶带也行，那个也结实。"

实验与验证：

大家找材料尝试，两人配合，一人撕开双面胶，另外一人固定胶片。转动齿轮，有的胶片还是掉了。教师为幼儿介绍胶枪的使用经验，幼儿使用后总结出：胶枪粘得紧贴得牢，要想胶片不变形，胶片的纸要变厚。最后，使用思维地图把粘贴胶片的方法进行梳理。

幼儿合作贴胶片

幼儿合作剪胶片

用透明胶粘贴

用胶枪粘贴

看见学习：在选择固定胶片材料时，幼儿主动探讨固定胶片的方法和材料，分工合作贴胶片、剪胶片，并总结出粘贴胶片的好方法，体现深度学习中的特征"主动与探究"。幼儿通过反复调整粘贴材料，发现不同粘贴材料的特征，最终获得粘贴牢固的经验。分析材料，合理分工，不断自主调整材料的行为，体现出"主动与探究"。

支持策略：当幼儿遇到胶片粘贴不牢固的问题时，反复调整粘贴材料后，教师使用判断支架策略中的经验法，及时提供胶枪的使用方法，推进活动进程，拓展了幼儿使用工具的经验，支持幼儿自主解决问题。

（二）游戏二：第二代旋转放映机

点评时，汤圆："我想做企鹅放映机。"可心："我也想做。"幼儿自发地形成了二代放映机发明小组。

1. 问题一：用什么材料制作第二代旋转放映机？

分析与讨论：

教师："选择什么样的材料制作旋转放映机？"

幼儿自愿分成彩泥组、乐高组、大树玩具组。

实验与验证：

彩泥组，因彩泥柔软有摩擦，失败；乐高组共尝试三次，调整齿轮大小、使用胶条和彩泥固定齿轮，最终制作出第一台旋转放映机；大树玩具组，邀请后勤师傅拆卸玩具，观察发现转动原理，即由转动摇把带动齿轮托盘转动，形成动画。最后和老师一起，使用思维地图梳理总结制作方法。

彩泥组，彩泥太软　　　　乐高轮组，调整乐高　　　　拆卸玩具，观察原理

看见学习：当幼儿萌发制作第二代放映机想法时，幼儿自主分成三组，从自愿分组到选择材料，幼儿在活动中有明确的分工合作意识，过

程中协商交流、分析任务，遇到问题时共同思考调整材料，形成团队合力，最终梳理总结出制作方法及失败原因。

支持策略：当大树玩具组的幼儿想了解玩具内部结构时，教师使用活动观察策略中作品比较法，通过拆装玩具使幼儿了解内部结构，知道齿轮转动的原理，丰富齿轮转动的知识，进而激发其去尝试和探究，逐步发展幼儿的高阶思维。

2. 问题二：怎样让两个齿轮同时转动？

分析与讨论：

博宇："因为齿轮总是翘起来。"

汤圆："两个齿轮没有固定。"

猜想与假设：

教师："怎样让齿轮同时转起来？"

汤圆："有个支撑点。"

教师："支撑点拼在哪里？"

博宇："小棍的下面。"

汤圆："再拼一个一样的，扣起来。"

实验与验证：

幼儿动手操作，两人相互配合，一边比大小一边将拼好的两个小盒固定住齿轮。齿轮能同时转起来啦！

用大树玩具拼插支撑点

使用小盒固定齿轮

看见学习： 当幼儿在实验、观察中发现齿轮不能同时转时，从发现支撑点到固定支撑点，幼儿在整个探究性操作中，能够提出需要探究的问题，自主动手操作材料，使用小盒固定住齿轮，最终两个齿轮同时转动，对自己所探究的问题给出自己的答案。

支持策略： 教师使用问题引领策略中的分析提问法，帮助幼儿理清了本次活动的主要目标，激发幼儿主动探究和尝试，自主解决问题，引导幼儿寻找齿轮不能同时转的关键原因，提高幼儿分析能力及自主解决问题能力，逐步优化幼儿的学习内容和方法。

（三）游戏三：第三代胶片放映机

当制作完第一代、第二代放映机之后，幼儿想制作播放内容更有趣的放映机，教师根据幼儿需求提供不同放映机制作视频，幼儿根据自己的需求选择出第三代胶片放映机。

问题：怎样制作胶片放映机？

分析与讨论：

教师："你们想画什么样的胶片？"

齐齐："我们想制作和视频里一样的胶片。"

教师："怎么画胶片呢？"

齐齐："跟视频学习吧！"

猜想与假设：

可心："在整张纸上画胶片，再从中间剪开，最后粘在一起。"

齐齐："用胶条粘胶片，胶枪太沉了。"

实验与验证：

通过观看视频，幼儿了解并学习画胶片的方法，一人画胶片一人剪胶片一人粘胶片，幼儿分工合作，制作出放映机胶片。又迁移制作第一代轮子放映机的经验，制作出放映机支架。最后将胶片和支架组合在一起，第三代胶片放映机制作完成！

画胶片　　　　　　　制作支架　　　　　第三代放映机成品

看见学习： 在制作中，幼儿迁移制作第一代放映机支架的经验，应用到制作第三代放映机过程中，体现深度学习中的特征"迁移与应用"。幼儿通过操作第一代放映机的支架，了解胶片不能转动的原因，在制作同款支架、材料组合中，凸显了"迁移与应用"，成功制作出第三代放映机。

支持策略：在选择学习主题环节，教师使用追随兴趣策略中的谈话法，在交流中了解幼儿制作第三代胶片放映机的游戏意愿，激发幼儿主动探究和尝试，丰富制作放映机的知识，进而激发其去尝试和探究，逐步发展幼儿的高阶思维和实际问题解决能力。

三、收获时刻

（一）幼儿的成长

在"做一做""试一试"的过程中，幼儿在不断的尝试、调整中进行放映游戏，以动手制作为依托，满足幼儿"玩中学、学中玩"的学习特点。充分提高观察能力、分析能力、逻辑推理、合作能力；在整个过程中表现出积极主动、认真专注的良好学习态度、行为与习惯，不断将积累的经验运用于新的活动中。

第一代轮子放映机　　　　第二代旋转放映机　　　　第三代胶片放映机

（二）教师的感悟

1. 以思维地图为手段，理清游戏思路

整个活动中，在计划环节引导幼儿明确分工、任务、材料；在游戏环节，记录过程；在回顾环节，反思游戏，总结游戏经验。整个游戏过程呈现在思维地图中，让幼儿更加直观地回顾整个过程，为下一步的探究确立了目标。同时环境中也建构思维地图，有效帮助幼儿表征与分析问题，培养幼儿解决问题及反思能力，支持幼儿深入学习。

2. 以丰富材料为支持，支持幼儿探究

投放材料前需要充分思考材料对幼儿发展的影响，关注幼儿的已有经验以及材料的层次性；在幼儿操作过程中，跟进幼儿的发展情况，随着幼儿的发展情况进行策略调整支持，促进幼儿在材料操作中得到发展。

3. 以层次性问题为启发，助推探究行为

从一代轮子放映机到三代胶片放映机，从幼儿独立完成到小组合作，教师珍视每一个孩子游戏中发生的"真"问题，通过针对性提问、分析原因、探究解决（或学习），不断获取新经验，孩子游戏中的问题也日趋深入、复杂和全面，从最初的材料选择问题到后期的各部位之间的关系问题，从初期自己的问题，到后期小组的问题。问题层层深入，学习思维和学习方式也逐步深入，呈现出了深度学习的特征。

4. 以持续评价为途径，回顾总结经验

幼儿的个人计划是区域评价中的重要依据，画叉代表不成功。教师把这些作为评价要点，引导他们说出遇到的问题，大家一起思考解决的办法，这种持续性评价使幼儿在不断反思与调整中获得了经验。以计划为引领，以评价为途径，幼儿完成了第二代和第三代放映机的制作。

四、游戏脉络图

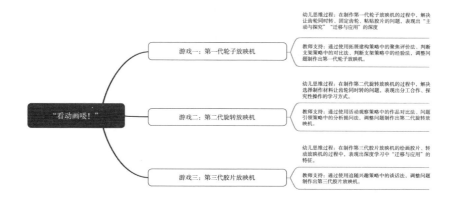

（北京市通州区临河里幼儿园　李颖）

大班建构区"小球轨道"

一、游戏缘起

教师和幼儿共同商讨积木区的建构主题，幼儿提出搭建别墅、轮船、小球轨道等想法。最终，通过投票，幼儿决定搭建小球轨道，还能和益智区一起游戏。因此，小球轨道撞击多米诺的建构游戏就开始了！

二、游戏分享

（一）游戏一：弯道小球轨道

幼儿开始尝试让小球滚下来，发现可以通过搭高让小球滚落，基于已有经验幼儿开始尝试搭建小球轨道。

1.问题一：怎样让小球不脱离轨道？

子之："小球总是从两侧跑出去，不太稳定。"

教师："有什么办法可以让小球不脱离轨道呢？"

子之："可以在平台上添加护栏。"

右西："试试用方块积木做护栏。"

茉莉："我家推拉门的轮子是在缝隙中间滑动的，我们可以在两个长板之间留个窄窄的缝隙。"

　　茉莉把两个长板放在一起，中间留了一条缝隙，子之放上小球试验，小球滑到一半就从缝隙中掉落了，茉莉调整了一下长板位置，将缝隙变小一点，小球成功按照轨道滑落。他们又用小积木添加阶梯护栏，小球终于能在轨道内滚动了。

方块积木护栏　　　　　　　　　俩木板留缝隙制作轨道

　　看见学习：幼儿在试玩中发现小球总是偏离轨道，通过观察、思考，想到增加护栏，并联想到家中推拉门的样子，体现了深度学习中的特征"迁移与应用"。教师在提出问题后，幼儿能根据需要探究的问题，积极思考，迁移生活中已有经验尝试解决问题，且符合问题解决的逻辑过程。

　　支持策略：当幼儿解决小球偏离轨道的问题时，教师使用问题引领策略中的分析提问法，展开讨论怎样不让小球偏离轨道，幼儿积极思考，充分表达自己的想法，并在搭建中及时调整缝隙大小，让小球成功滚落，发展了幼儿观察、探究性操作的学习能力。

　　2. 问题二：怎样让小球撞击多米诺呢？

　　幼儿搭建的小球轨道终点和多米诺起点连接的位置有偏差，小球不能成功撞击多米诺，教师提出："那怎样让小球撞到多米诺呢？"

少卿："轨道拐弯，向着多米诺的起点搭建。"

右西："拐弯处增加围栏，小球撞到围栏不能直行，就会拐弯了。"

茉莉："我们拆一部分直球轨道，然后再搭建弯道吧。"

幼儿开始搭建，用方块积木搭建拐弯围栏，然后继续延长轨道到多米诺起点，试验时发现小球撞击弯道围栏后并没有继续前行，而是停了下来，茉莉说："小球撞到围栏后没有力气了，我们可以把轨道变成斜坡，帮助小球。"右西将拐弯处平轨道改为斜坡轨道，再次试验，小球在拐角掉落脱离轨道，孩子们通过观察、调整拐弯围栏材料、试验多次后，发现圆弧积木最好，而且增加了围栏高度，最终成功让小球拐弯后前进了。

护栏帮助拐弯　　　　　　梯形积木垫高　　　　　　弧形积木拐弯

看见学习：在教师提出问题后，幼儿积极思考，想到让小球拐弯就能撞击到多米诺，并在活动中遇到困难不退缩，不断地观察、思考、调整材料，体现深度学习中的特征"主动与探究"。幼儿通过反复调整材料，发现不同积木的特征，最终获得惯性和斜坡拐弯的经验。

支持策略：教师使用问题引领策略中的分析提问法，帮助幼儿理清了本次活动的主要目标，寻找拐弯的方法，激发幼儿主动探究和尝试，自主解决问题，搭建中幼儿调整材料，让小球滚落，提高了幼儿分析问题能力及自主解决问题能力，逐步优化幼儿的学习内容和方法。

（二）游戏二：旋转小球轨道

经过几次搭建，小球成功撞击到多米诺后，幼儿觉得拐弯小球轨道没有挑战，并在小组计划时进行讨论，决定开始搭建旋转滑道。

1. 问题一：怎么搭建旋转轨道？

少卿："我想搭建一个三角形旋转轨道。"

茉莉："那就不能用圆弧积木搭建拐角了，要用长方形积木。"

教师："三角形旋转轨道首尾相连吗？小球撞到护栏后会停下来吧？"

子之："不相连，要像弯道小球轨道一样，有一点坡度，每拐弯一次就要垫高一点。"

子之在木板两端垫上不同数量的积木，保证有一定的斜度，再将下一块木板一端与它连接另一端垫高，以此类推形成了一个三角形的旋转轨道，加上护栏后发现小球成功地旋转了一圈，之后还尝试了正方形旋转轨道、五边形、圆形等等。

三角形旋转轨道

正方形旋转轨道

五边形旋转轨道

圆形轨道

看见学习：在活动中，幼儿迁移搭建弯道小球轨道的经验，应用到旋转轨道的活动中，体现深度学习中的特征"迁移与应用"。幼儿通过将调动护栏帮助小球拐弯以及斜坡增加小球速度的经验，应用到旋转轨道中，并根据新游戏的需要，反复调整两端积木数量，搭建出斜坡。

支持策略：教师使用问题引领策略中的分析提问法，分析旋转轨道如何搭建，激发幼儿主动与同伴探究和尝试，找到搭建旋转轨道的关键因素，提高幼儿分析能力及解决问题能力。

2.问题二：怎样搭高旋转轨道？

茉莉："旋转轨道不刺激，想要一个像幼儿园大滑梯一样旋转好几圈的。"

右西："那我们在上面放一些支撑物吧。"

少卿："没地方放支撑物了，小的支撑物该不稳了。"

教师："我们班这么多类型的积木，厚方块积木、圆柱、小平板……试一试哪个材料能更好地支撑？"

子之："我觉得可以第一层就架高，正好有大单元积木，也可以试试换个薄护栏。"

幼儿用积木先搭建底层旋转轨道，刚要搭建旋转处时，发现想使用稳固的支撑物，底层轨道变窄，小球无法通过，细一点的支撑材料无法支撑上层轨道，游戏停滞，子之看着底层的轨道："我们可以把底层轨道加宽，小球就可以通过了。"右西在选择围栏材料时，选择了更薄的小长板，幼儿合作搭建出来一个多层的旋转轨道。

高架旋转轨道

多层旋转轨道

看见学习：幼儿在观察、试玩中发现小型积木支撑柱不稳固，通过调整支撑材料增加稳固性，接着调整轨道宽度解决支撑柱过大的问题。幼儿在整个探究性操作中，能够准确提出需要探究的问题，积极思考，尝试解决问题。体现出了"观察"和"探究性操作"的深度学习方式。

支持策略：教师使用判断支架策略中的对比法，教师鼓励幼儿在建构区寻找支撑稳定的物品，幼儿发现厚方块积木、圆柱、小平板，并引导幼儿将这些物品进行对比，找出问题的核心点。

（三）游戏三：跳台小球轨道

积木区的小朋友发现塑料小球有时候会弹一下，于是他们想到让小球弹起来进入到旋转轨道。

1.问题一：怎么让小球弹进轨道？

少卿："可是我们怎么知道小球会弹去哪儿呢？"

教师："我们可以试验几次，落到什么位置我们做好标记。"

子之："好啊，做好标记后可以让它再跳一次。"

子之搭建了一个跳台，保证有一定的高度和斜度，在下方放了一块空心积木，经过多次试验观察，找到了起跳后的落点，根据落点搭建旋转轨道。子之通过调整斜面积木的位置改变小球的运动方向，最后幼儿发现斜坡方向、跳台和轨道的间距都会影响小球能否准确地弹到轨道上，通过不断尝试，他们找到了成功率最高的位置。

直线跳台轨道　　　　　　　　　　会拐弯的跳台轨道

看见学习：幼儿在观察、试玩中发现小球落点找不到，从一次次尝试中寻找落点，并对观察到的情况进行标记记录。幼儿在整个实验操作中，有计划有目的地进行尝试；对实验过程保持高度关注，完全不受外界干扰；能尝试从实验条件推测实验结果；并通过独立控制、调整单元积木位置，模拟研究对象，接住小球并弹向指定位置，验证自己的猜想。

支持策略：教师使用判断支架策略的经验法，当幼儿遇到难题无法解决时，教师在技能技巧上没有直接给予幼儿支持，而是调动幼儿的已有经验，和幼儿共同完成弹球落点实验，拓展了幼儿的方法。

2. 问题二：怎么防止小球弹出护栏？

少卿："弹球轨道和旋转轨道连接不上，总是弹出去。"

茉莉："如果我们把护栏搭得特别高呢，把小球挡下来。"

少卿："那小球就不会弹出去了。"

教师："那我们先试一试，如果不可以我们再找一找有没有让小球不弹出轨道的材料。"

幼儿先是用积木做了一堵墙挡住小球，有的时候能成功，但是特别高小球会把它撞倒，子之："我找到了 KT 板、地垫、书本，还有纸，这些软的都可以。"之后幼儿尝试了用手拿着书本和 KT 板挡住小球都成功了，可是立不住，因为小球还是会撞倒它们，最终幼儿选择了 KT 板，因为方便裁剪，放到了连接处，成功减弱了弹性进入了旋转轨道。

人工围墙

小球减速带

看见学习：在选择降低小球弹性材料的时候，幼儿能够独立思考出现的问题，并凭借自身经验给出独特的见解，选择最适宜的材料，体现深度学习的特征"理解与批判"。幼儿分别对积木护栏、书本、KT板进行判断，敢于对其质疑和否定，并勇于表达自己的看法与观点。

支持策略：在优化内容和方法环节中，教师使用判断支架策略中的对比法，引导幼儿对比在生活中寻找降低小球弹性的物品，找出适宜的材料。对比法的应用，发展了幼儿观察、分析、选择的能力，为幼儿解决关键问题提供支持。

三、收获时刻

（一）幼儿的成长

在进行搭建的过程中，幼儿能够进行分工合作，及时沟通，积极思考。针对遇到的问题可以联系生活和游戏中的经验解决问题。并且主动探究新的小球轨道，创造出了"弯道""旋转""跳台"等多种造型的轨道，充分提高了幼儿的思维能力、分工合作能力、创造能力，表现出乐于创造、认真专注、主动探究的良好学习品质。在整个活动中，能够看出幼儿创新能力强、敢于尝试、坚持性强等优秀学习品质。

（二）教师的感悟

1. 尊重幼儿主体，释放创造潜能

在游戏中教师将游戏的权利还给幼儿，并通过仔细观察幼儿的兴趣、需要、能力和感情，能精准了解到每个幼儿的真实想法，让他们得以更充分地表达和展现自己。

2. 师幼共同游戏，调动活动兴趣

教师以角色的身份介入游戏，通过提出问题，引导幼儿探索新的思路，灵活根据幼儿的不同差异提出个性化的要求，使游戏不断发展，确保每个幼儿都能参与并获得成功，灵活调动幼儿积极性，培养幼儿自信心。

3. 开放式环境，助推能力发展

在营造开放式游戏环境中，教师和幼儿共同搜集了各种小球，通过开放式的游戏环境，促进幼儿养成积极的思维方式，培养幼儿主动解决问题的能力。

四、游戏脉络图

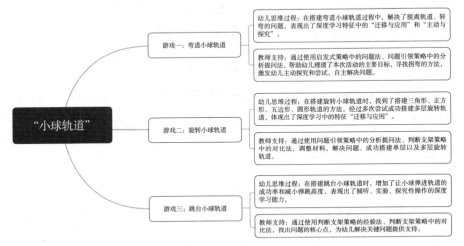

（北京市通州区临河里幼儿园　凤鑫）

大班美工区"飞机艺术馆"

一、游戏缘起

班中"飞机总动员"主题活动开展后，幼儿对飞机产生浓厚的兴趣，纷纷表示要在美工区制作飞机。于是，以"制作各种各样的飞机"为契机，在美工区开展了"飞机艺术馆"主题活动。

二、游戏分享

（一）游戏一：废旧物立体战斗机

慷慷是个飞机迷，对班中投放的《世界飞机史》特别感兴趣，慷慷选择在美工区利用多种废旧物制作战斗机。

慷慷："我看到美工区有纸筒，我想做一个真正的战斗机。"

教师："好呀，我也想看看你的战斗机呢。"

区域活动开始之后，幼儿都在按照区域计划进行游戏，慷慷正在制作战斗机。突然传来了讨论的声音。

觉觉："慷慷，你这个飞机颜色太丑了。一点也不好看。"

慷慷："那怎么办啊？美工区只有白色的纸筒。"

大橦听见两人的对话后，也加入了讨论：

大橦："那咱们用颜料刷纸筒，这样做出来的颜色特别好看。我们也可以在纸筒上围上金粉的纸，一闪一闪的。"

慷慷制作出立体飞行者2号飞机。教师在游戏评价环节分享了作品和制作方法，其他幼儿羡慕得不得了，教师创设飞机制作方法的支持性环境，支持幼儿游戏。连续很多天，美工区吸引了很多幼儿加入游戏。幼儿使用纸筒、冰棍杆、塑料瓶等材料，制作出了飞行者2号飞机、武直–10等不同飞机。幼儿每次制作结束后都会在思维导图环境模块中增加自己遇到的问题以及解决方法，既能总结游戏经验，又能分享自己的好方法。

用瓦楞纸制作尾翼

用颜料刷上颜色

用塑料瓶制作的飞机

用不同废旧物制作的飞机

看见学习：幼儿主动选择调整材料，不断与环境、同伴、材料发生互动，表现出深度学习中的特征"主动与探究"。幼儿能积极地发现问题、提出问题、解决问题，制作立体废旧物飞机。

支持策略： 当幼儿自主地表达表现时，教师使用拓展建构评价策略的及时评价法，对幼儿的制作意愿给予认可和期待。重视同伴间的交流与评价，幼儿能够围绕怎样让战斗机变好看的问题，充分表达自己的想法，将自己的经验分享给同伴，并不断优化、完善作品。

（二）游戏二：载人民航大客机

在游戏评价环节时，幼儿提出想要制作一架真实的大飞机，师幼共同讨论："飞机是什么样子的？飞机上有什么？"并得出结论，有门、食物、氧气面罩、餐盒等。师幼讨论使用 KT 板和木棍制作飞机的框架。

大橦："飞机上的食物有中餐和西餐，我们可以做一些汉堡、薯条。"

庄伊："还会有好喝的饮料，我们可以用彩泥来制作。"

子路："汉堡、薯条的盒子怎么办呢？"

大橦："咱们把在家吃的麦当劳的盒子拿到班里。"

阳阳："咱们的飞机框架做好了，但是外边没有图案，不好看。"

子路："《中国机长》的电影里，是有驾驶室的，而且驾驶室是有仪表盘的。"

大橦："那咱们请老师帮忙打印出来，剪好压膜制作一个仪表盘吧。"

幼儿分工制作食物、仪表盘、行李架、垃圾袋等细节，最终，幼儿挑选出适宜的粘贴材料后，分别使用胶枪固定行李架、门、方向盘等物品，用胶钉粘垃圾袋、座位号等物品，成功制作出载人民航大客机，孩子们开心得不得了！

装饰飞机表面

制作仪表盘、行李架、垃圾袋

制作飞机座位号

角色区使用载人客机游戏

看见学习：在制作客机时，通过已有经验确定客机所需要的物品，如：垃圾袋、座位号、仪表盘、行李架等。通过同伴间的提问和讨论，确定制作方式与方法，然后进行分工合作。在制作中能够联系生活实际，根据真实的客机，制作自己的民航客机，这体现了深度学习中的特征"联系与建构"。

支持策略：在游戏评价环节，教师使用判断支架策略中的对比法，鼓励幼儿联想生活中的客机上有什么，引导幼儿将自制飞机与实际客机进行对比。幼儿提出我们制作的客机还需要驾驶室、行李架等，并且需要搜集丰富的材料。

（三）游戏三：立体直升机模型

角色区的情景剧增加了新剧情，就是在飞机上售卖飞机模型。在游戏评价环节向其他区幼儿提出需要帮助。

禾禾："我们需要一些飞机模型进行售卖，想请美工区的小朋友帮我们制作飞机模型。"

小米："可以，要什么样子的模型？"

禾禾："咱们图书区有介绍册，按照那上面的捏就行，不过要精致一些，不然我们卖不出去。"

小米和觉觉想去美工区帮忙制作立体的飞机模型。活动前，幼儿使用思维地图进行分工，明确每个人做什么、怎么做以及需要的材料。

小米："好的。咱们今天做哪种飞机呢？"

觉觉："刚刚我去图书区把飞机介绍册拿来了，咱们一起挑挑。"

小米："我觉得直升机好，咱们就做直升机吧！"

教师："那你们想用什么来制作呢？"

小米："美工区有那个透明碗，很像直升机前面的玻璃，再用彩泥捏机身跟尾翼。"

觉觉："行，那我来做尾翼部分，你来做机身部分吧。"

小米："咱们机身部分都用彩泥制作太浪费了吧？"

慷慷："之前咱们制作饮料的时候，杯子里放了纸团，要不咱们也是用这个方法试试？"

小米听了慷慷的建议，团好纸球后用彩泥进行包裹，成功制作出形状圆滚滚又省彩泥的机身。另外觉觉也用包裹的方法，用冰棍棒杆上彩泥制作出坚硬的尾翼。第二天，小米继续制作直升机，但是她发现机罩怎么也固定不住。

小米："我的机罩怎么老是掉下来啊？"

教师："你觉得会是什么原因呢？"

慷慷："会不会是因为那个透明碗太沉了，用彩泥固定不住呢？"

大橦："你用胶枪固定吧，你看老师有时候固定不住的地方也用胶枪。"

小米："好，我现在就用胶枪试试。"

孩子们用彩泥、透明碗等材制作的直升机，逐步丰富细节，增加驾驶舱里的人物，从没有人到一个人再到一家三口，逐步丰富驾驶舱的内容。制作好的飞机模型，受到了角色区乘客的喜爱！

区域点评幼儿提出需求

美工区幼儿用团球方法制作机身

美工区幼儿正在制作立体直升机

美工区制作的立体直升机

看见学习： 在商量制作可售卖的飞机模型的过程中，幼儿联系到图书区的飞机介绍册，体现深度学习中的特征"联系与建构"。并表现出分工合作、观察、讨论、实验等学习方式。幼儿在制作直升机模型的过程中，使用过胶枪固定，并在选择材料时，反复调试，实现机罩和机身的合体。

支持策略： 当幼儿遇到机罩粘贴不牢固的问题时，反复调整粘贴材料后，教师使用判断支架策略中的经验法，请幼儿想一想在美工区做手工时，哪种材料最有力量，什么东西都可以粘在一起？拓展了幼儿使用工具的经验。

三、收获时刻

（一）幼儿的成长

在"做一做""试一试"的过程中，幼儿在不断使用新材料制作飞机，以动手制作为依托，满足幼儿"玩中学、学中玩"的学习特点。充分提高观察、分析、逻辑推理、分工合作等能力；在整个过程中表现出积极主动、认真专注的良好学习态度、行为与习惯，不断将积累的经验运用于新的活动中。

（二）教师的感悟

1. 以思维地图为手段，理清游戏思路

整个活动中，以计划环节为引导，幼儿明确分工、任务、材料；游戏环节记录过程；游戏评价环节，反思、总结游戏经验。通过思维地图将整个游戏过程进行呈现，让幼儿更加直观地回顾整个过程，为下一步的探究确立了方向。同时环境中也建构思维地图，有效帮助幼儿分析问题，培养幼儿解决问题及反思能力，支持幼儿深入学习。

2. 以细致观察为途径，捕捉真价值点

在游戏中幼儿会遇到很多问题，有时只是细小的瞬间，所以需要我们细致的观察。追随幼儿的脚步，发现可以深入挖掘的价值点，像客机的选材、粘贴的方法等，通过游戏评价环节引导幼儿分享，运用反馈与评价策略形成学习主题。

3. 以丰富材料为基础，支持幼儿探究

投放材料前需要充分思考材料对幼儿的发展，关注幼儿的已有经验以及材料的层次性；在幼儿操作过程中，跟进幼儿的发展情况，随着幼儿的发展情况进行材料的调整，促进幼儿在材料操作中得到发展。

四、游戏脉络图

	废旧物立体战斗机	幼儿思维过程：幼儿主动选择调整材料，不断与环境、同伴、材料发生互动，积极地发现问题，解决问题，这体现出深度学习主动与探究的特征。表现出积极思考、灵活应用的良好学习品质。 教师支持：幼儿遇见问题时，不要急于指导，而是要给予幼儿充足的探究时间，并运用问题评价法，引导幼儿同伴间进行评价，鼓励他们尝试解决。与此同时，我们需要的是从他们的动作、表情、语言及互动中，解读幼儿的行为，从而进行分析，更好地了解幼儿，以便支持幼儿进一步游戏。
"飞机艺术馆"	载人民航大客机	幼儿思维过程：幼儿能够不放过任何一个小问题，能够通过讨论在遇见困难时不退缩，最终商讨出解决办法，这体现了深度学习主动与探究的特征。幼儿通过对同伴的提问和讨论，在制作客机时，通过已有经验发现客机所需要的物品，如：垃圾袋、座位号、仪表盘等。这个过程中，幼儿是善于思考的，凸显"主动与探究"。 教师支持：教师使幼儿联系生活实际，引导幼儿将自制飞机与实际客机进行对比。幼儿提出差驾驶室、行李架等，教师为幼儿提供丰富的材料。在优化内容与方法环节中，教师使用了判断支架策略中的对比法，发展了幼儿分析、选择的能力。
	立体直升机模型	幼儿思维过程：在商量制作可售卖飞机模型过程中，幼儿联系到图书区的飞机介绍册，体现深度学习中特征"迁移与应用"，并表现出分工合作、观察、讨论、实验等学习方式，发现、分析与解决问题，利用已有经验不断拓展思路，为后续活动奠定基础。 教师支持：当幼儿遇到机罩粘不牢固的问题时，反复调整粘贴材料后，教师使用判断支架策略中的经验法，及时提供胶枪的使用方法，推进活动进程，拓展了幼儿使用工具的经验，支持幼儿自主解决问题，幼儿同伴合作、协商、自主探究能力得到提升。

（北京市通州区临河里幼儿园　张萌）

大班角色区"线绳展览馆"

一、游戏缘起

在开展"编织曼达拉"的游戏活动时，教师在美工区投放自制的"曼达拉"作品，幼儿在欣赏中感受到了曼达拉的层层缠绕的线条美，激发幼儿编织的兴趣，美工区幼儿编织了不同形式的曼达拉，角色区开展"线绳展览馆"售卖编织作品。

二、游戏分享

（一）游戏一：开展促销，吸引顾客

角色区游戏开展一段时间后，参与角色区游戏的人越来越少。师幼围绕"为什么角色区顾客越来越少？""怎样让角色区的顾客多起来？"等话题，展开讨论。

教师："我发现，最近角色区的顾客越来越少。"

糖果："对，小朋友们都不爱来了。"

教师："为什么角色区的人越来越少呢？"

文文："我觉得小朋友们玩腻了。"

哈哈："商品太贵了，小朋友没钱买不起。"

落落："可以让别的班也来角色区玩。"

教师："怎么邀请顾客呢？"

文文："向客人大声地介绍商品，介绍商品的用途和优点，吸引顾客。"

落落："还可以便宜点，就跟超市促销一样，开展促销活动。"

幼儿商讨后决定开展促销活动，制订促销活动内容。请美工区制作促销海报，经常轮换促销商品和价钱；科学区幼儿制作海报支架，最后将海报和支架组合后放在班里、楼道里，吸引了班里及同楼层的幼儿购买商品，在开展促销活动一段时间后，角色区的顾客逐渐增多了。

招揽客人

促销降价

制作海报

看见学习：幼儿在活动初期能够去商店进行真实的体验、观察商店中工作人员的工作内容与工作职责。在幼儿发现角色区没顾客时，幼儿可以讨论没顾客的原因，并能积极动脑筋想办法解决问题，在讨论的过程中能够围绕讨论的问题表达观点，对老师的问题有回应，能大胆尝试，运用展示商品、降价促销、制作海报等形式吸引顾客。这体现了"讨论"的深度学习方式。并在海报没地方放时，知道可以利用海报架进行展示支撑并且请科学区的幼儿帮忙制作海报架，这体现了"寻求帮助"的深度学习方式。

支持策略：教师使用追随兴趣策略中的谈话法，通过观察幼儿游戏、发现问题，引导幼儿积极思考，共同讨论出解决办法，激发了幼儿继续游戏的兴趣。通过开展促销活动，丰富角色区游戏内容，增强幼儿与教师、幼儿与同伴之间的互动，使幼儿可以大胆表达自己的想法，促进幼儿社会性发展。

（二）游戏二：美工联动，丰富商品

开展促销活动后，吸引了更多的顾客来购买商品，同年级的幼儿都加入到角色游戏中。

大三班的落落来角色区挑选商品，转了一圈后说："曼达拉很好看，但我不想买曼达拉。"

售货员丹丹说："那你想要什么呢？"

落落："我想要手链，因为我妈妈要过生日了。"

丹丹："美工区小朋友会编织手链，但是你需要等等。"

丹丹来到美工区，请美工区的宁宁帮忙，跟她说道："宁宁，你能帮忙编手链吗？"

宁宁："可以的，但是需要等，因为编手链需要三天时间。"

落落："那我三天后再来吧。"

丹丹："好的，编织完成后，我去大三班找你。"

教师通过手机记录了幼儿的活动过程及对话，在游戏评价环节进行分享，师幼围绕"怎样丰富商品？""增加哪些商品？"等内容展开讨

论。最终决定：美工区负责制作商品，增加手链、项链、挂件、摆件等内容；并提供订单表，支持顾客选购并定制自己喜欢的商品。在丰富商品种类后，参加角色区游戏的幼儿逐渐增多，商品数量也随着客流量逐渐变少，美工区也在不断地提供不同的商品，支持角色区游戏的开展。

编手链丰富商品　　　　　　　　　与顾客讨论协商

看见学习：当商店没有顾客想要的商品时，幼儿能够主动与顾客进行沟通与商量，懂得变通，观察顾客的特点与喜好，并能够想到请美工区的小朋友帮忙制作顾客想要的商品，讨论完成的时间，最终解决了问题，并得到了顾客的信任与好评。这体现了幼儿"讨论"和"寻求帮助"的学习方式。幼儿不断地与环境、同伴、材料发生互动，积极地发现问题，解决问题，同样获得了情感的满足和自信心。

支持策略：在幼儿为没有蓝色的线发愁时，教师使用问题引领策略中的分析提问法，引导幼儿知道想要解决问题，就先要了解顾客的需求，并且学会观察顾客的喜好，并大胆地与顾客进行沟通协商，最终解决顾客的问题。在幼儿发现商店的商品太少时，向幼儿提出问题：可以寻求谁的帮助，鼓励角色区幼儿与美工区幼儿合作，共同丰富商店商品的种类。

（三）游戏三：科学联动，增加货架

丰富商品种类后，美工区根据角色区需求制作商品，由于商品种类及数量的增多，商品摆不下了，师幼围绕怎样摆放商品展开讨论。

教师："刚才涵涵在收拾整理货架时发现商品太多没地儿摆了，怎么办呢？"

小凯："再增加货架。"

涵涵："对，把商品放到货架上。"

教师："怎么制作货架？要什么样的货架？"

萌萌："让科学区制作吧，美工区帮忙制作商品，科学区帮忙制作货架。"

教师："你的主意真好，小朋友之间还能互相帮助。那怎样制作呢？"

涵涵边比画边说："架子放在大屏前面，双层有挂钩的。"

教师为幼儿提供纸笔，引导幼儿绘画出想要的货架，商讨制作货架的材料及流程，决定让科学区幼儿制作货架。科学区幼儿选择塑料管组合安装货架，使用胶条缠绕塑料管，并在上面的管子上使用胶枪粘贴挂钩，把商品挂在挂钩上。幼儿制作出两个塑料管展示架后，又尝试制作能升降的货架，通过调整滑轮位置、固定滑轮、安装货架等环节，最终制作出滑轮货架。增加货架后，角色区结合商品的不同特点，将商品分类摆放在不同的货架上。

与科学区沟通展示架细节　　　　　　　　验收展示架

看见学习：角色区幼儿能够根据自己的需要向科学区下订单，并且能够用画设计图的方式细化展示架的要求，商量协作，提高了语言表达能力，促进社会性发展，在协商制作展示架的过程中，幼儿能根据家中的升降衣架的原理主动探究，运用到升降展示架上，幼儿通过反复观察，调整展示架，发现展示架升降的原理，这一过程中使展示架层层深入，这体现了深度学习中的特征"主动与探究"。

支持策略：在解决商品没地儿放的时候，教师使用判断支架策略中的对比法，鼓励幼儿在生活中寻找类似展示架的物品，幼儿发现升降晾衣架既可以展示商品，又可以节省空间。引导幼儿将自制的展示架与升降晾衣架进行对比，找出共同点以及可以升降的核心点。

（四）游戏四：参与游戏，赚购物金

在丰富商品内容，增加货架后，加入角色区游戏的幼儿越来越多，同年级的幼儿也加入到游戏中，遇到问题：来购买商品的顾客，没有钱，怎么办？师幼围绕问题展开讨论。

兜兜："顾客想买商品，但是没钱怎么办？"

涵涵："不能白送，美工区小朋友制作商品很辛苦的。"

小凯："表现好，做劳动就能赚钱了。"

教师："劳动赚钱，这个方法不错。都可以怎么劳动？"

田田："去美工区编织作品，就可以给钱。"

教师："那其他班小朋友没有钱怎么办？"

涵涵："可以做游戏，我上次去游乐场就是游戏闯关之后，能免费体验玩。"

教师："这个方法真好，做游戏赢了，能免费体验或者得到奖金。可以玩什么游戏？"

多多："猜谜语、唱歌、跳舞、背古诗都行。"

涵涵："还可以和超市的一样，做个幸运大转盘。"

教师肯定幼儿的想法后，幼儿根据自己的想法制作游戏道具，设计了幸运大转盘、谜语、蹲起、跳绳等游戏内容，通过翻手卡的形式参与游戏，增加角色区的趣味性。教师将游戏内容录制成视频，投放到楼道宣传栏中，吸引了更多同年级的幼儿及教师加入角色区游戏中，受到了大家的喜爱。

美工区小朋友售卖曼达拉　　　　　　　为角色区制作游戏手卡

看见学习： 在幼儿招揽客人的过程中，能够倾听客人的想法与需求，总结客人不来的原因，调整区域玩法，设定新的游戏规则。在制订新的游戏规则时，能够根据生活中购物的经验，联系到超市大转盘抽奖的游戏形式，建构到自己的游戏中去，制作了大转盘，最终获得新经验，这体现深度学习中的特征"联系与建构"。

支持策略： 在本次活动中，教师通过观察幼儿游戏，并发现幼儿在游戏中遇到了没有钱去购买想要的商品这一问题，于是教师鼓励幼儿通过自己的劳动得到相应的购物资金，并考虑到幼儿可能会遇到的新问题，教师使用问题引领策略中的分析提问法，引出新的问题，引导幼儿积极思考、共同讨论，最终得到大家都满意的解决办法。提升了幼儿问题解决、大胆表达、分析思考的能力，丰富了幼儿的生活经验。

三、收获时刻

（一）幼儿的成长

通过本次活动，幼儿能结合生活经验、与同伴交流、沟通，在游戏遇到困难时，能够主动尝试去解决问题。并且善于合作相互配合，与其他区进行联动，大胆地提出想法及要求，在联动的过程中，反复讨论修改，最终得到自己满意的商品，同时还丰富自己的已有经验。幼儿在商店忙得乐此不疲，角色区是传递友情的桥梁，幼儿在这过程中，心境变得更美好，探索美好事物的意愿更强烈。

（二）教师的感悟

1. 追随幼儿兴趣，形成游戏主题

教师根据幼儿很喜欢玩跳绳、跳皮筋和翻花绳等绳类游戏，开展主题活动。在美工区，教师投放了曼达拉图片供幼儿欣赏，幼儿在看到了颜色多样、造型别致的曼达拉后，对编织曼达拉产生了浓厚的兴趣，因此，教师抓住了编织好的曼达拉可以作为商品投放到角色区进行买卖游戏这一联动契机，追随幼儿的兴趣，开展主题联动活动。

2. 解决游戏问题，优化游戏环节

没有问题的出现，就不会有新事物的产生，活动就不会有深入的发展，区域联动也不会产生。在本次活动中，幼儿的游戏遇到了很多的问题，因此，教师以问题为导向，引导幼儿在发现问题后，通过区域联动游戏，解决问题，获得全面发展。

3. 丰富游戏内容，助推游戏开展

在区域活动中幼儿会出现没有解决的问题，我们会运用反馈与评价策略，在回顾环节利用视频和图片的形式，引导幼儿发现问题——提出猜想——第二天行动验证，提高幼儿解决问题能力的同时，让幼儿的联动游戏持续不断地开展下去。

四、游戏导图

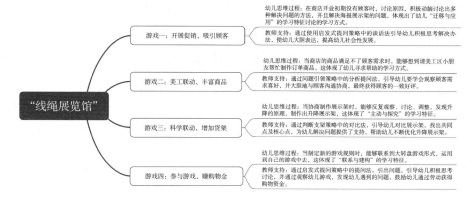

（北京市通州区临河里幼儿园　张雨萌）

大班表演区"孩子剧团"

一、游戏缘起

幼儿在观看电影《闪闪的红星》后，经常在过渡环节讨论关于电影的情节并模仿冬子的角色对话。教师在图书区投放绘本《闪闪的红星》支持幼儿游戏，并在表演区开展戏剧表演活动，表演区"孩子剧团"游戏就开始啦！

二、游戏分享

（一）游戏一：我们一起来表演！

在观看电影《闪闪的红星》后，幼儿知道电影里的角色、事情和经过。在阅读绘本《闪闪的红星》后，教师引导幼儿使用游戏导图梳理不同人物的表情、动作，为戏剧表演做准备。

1. 选择表演内容

小美："我从来没演过戏，怎么演呀？"

乖乖："电视剧都是有剧本的，是按照剧本演，但是我们也没有呀。"

教师："要不咱们看看书，没准能发现什么有用的信息。"

小美："我知道了，咱们把书里的动作画下来，然后就能照着演了。"

幼儿将绘本中的故事内容画下来，制作成剧本，按照故事内容表演。

梳理书中角色

尝试表演

看见学习： 在尝试戏剧表演的过程中，幼儿主动探讨该如何表演，通过分工合作寻找书中人物的动作、表情，并总结出戏剧表演的好方法。幼儿通过反复调整动作，发现人物不同表情时的不同动作与细节，最终获得表演不同人物的经验，又通过分析人物，不断理解人物的表情、动作、心理等，体现深度学习特征"主动与探究"。

支持策略： 教师使用环境支持策略中的材料补充法，先投放图书《闪闪的红星》，再梳理出绘本《闪闪的红星》中的人物动作制作成环境，支持幼儿解决戏剧表演中遇到的问题；并投放角色姓名贴，支持幼儿自主选取角色。通过使用材料补充法，帮助幼儿进一步丰富故事情节，初步感知人物的动作与表情，为幼儿的大胆表征、积极表演提供了支持。

2.制作表演道具

乖乖："书里还有妈妈纺线的动作呢，怎么纺线呀？"

小美："咱们找个道具不就行了。"

一一："我们表演需要一架纺线车，你能帮我们做一架吗？"

吴嵩："我都不知道纺线车是什么呀！我去问问陈老师，让陈老师帮我找找纺线车的图片。"

教师："当然可以，一会儿咱们搜纺线车图片，一起看一看！"

通过商量、讨论，幼儿决定使用一次性纸杯以及冰棍杆等材料制作纺线车道具。

商量表演道具　　　　　　　　　寻求科学区帮助

看见学习：在制作表演道具时，幼儿对制作纺线车道具中不明白的问题刨根问底，并在探索制作纺线车的过程中不断尝试、解决问题，具有探究精神；在挑选纺线车材料时能批判挑选适宜的材料，体现出深度学习特征"理解与批判"。

支持策略：当幼儿不知道纺线车是什么样子时，教师使用环境支持策略中的材料补充法，出示纺线车照片，满足幼儿活动需求，让幼儿成为材料补充的主体，体现大班幼儿自主游戏、积极想办法的特点。并投放木制纺线车材料包，引导幼儿观察图片说出纺线车的样子，最终通过动手制作木制纺线车感知纺线车的运行原理，提升了幼儿问题解决、乐于探索、积极思考等能力。

（二）游戏二：表演内容真丰富！

1. 丰富角色对话

小美："光有动作，咱们也不知道说什么呀！"

乖乖："咱们按照书中的对话说就行了。"

小美："书中的对话太少了，就几句，而且也说不明白咱们要表演的意思，需要一边演一边说。"

教师："咱们再来看看《闪闪的红星》这个电影吧。"

熊熊："咱们把电影里说的记录下来，电影里每个人物都说了好多的话呢。"

幼儿通过再次观看电影《闪闪的红星》并梳理电影中角色的对话加入到自己的表演中，从而丰富了角色的对话。

观看电影《闪闪的红星》

梳理书中人物对话

看见学习：幼儿在丰富角色对话的过程中，通过再次观看电影的方式梳理角色的台词，用录音笔记录角色的对话、用表演区的照相机拍摄需要模仿的画面以及对话。幼儿迁移并模仿电影中的角色对话，应用到自己的表演中，使戏剧表演更加精彩，内容变得更加丰富，体现出深度学习特征"迁移与运用"。

支持策略：在丰富戏剧表演角色对话时，教师使用判断支架策略中的经验法，为幼儿提供视频，幼儿将台词梳理成自己要表演的内容，形成自己的表演剧本，提高幼儿大胆表征、搜集资料、比较代替等能力。

2.增加表演情节

小美："韬韬，你能来表演区和我们一起商量一下妈妈带着冬子撤回山里那段剧情吗？"

韬韬："我按照故事的情节分成了六幕，你们说的应该是第二幕妈妈英勇牺牲。"

熊熊："妈妈牺牲这个情节怎么演出来呀？冬子是小英雄，应该不会撒娇似的哭。"

教师："那你们觉得冬子的情绪是什么样子的？"

熊熊："从开心到伤心。"

小美："开心的时候演出开心的情绪，伤心难过的时候想一些让自己难过的事情，动作慢慢的，表情也是皱着眉那样。"

通过同伴间的讨论，幼儿总结出在不同情景下角色的情绪与表情是不同的；并增加表演情节，用自己的动作、表情、姿态演绎出"妈妈牺牲"时冬子的状态。

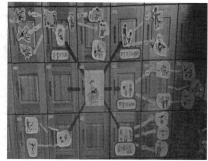

商量表演情节　　　　　　　　　　　绘本六幕图

看见学习：幼儿在观察、排练中发现"潘冬子"这个角色的情绪在表演中起伏变化最大。在反复阅读绘本和看视频后，幼儿与角色共情，凭借自身在表演中的经验理解潘冬子的妈妈在加入共产党时他是非常开心的，妈妈英勇牺牲时他是痛苦的、悲伤的，体现深度学习中的特征"理解"。通过仔细观察书中潘冬子的语言、动作、神态等细节，分析每个章节角色不同的心理变化，如紧张、开心、害怕等，体现出深度学习中"联觉学习"的学习方式。

支持策略：教师使用问题引领策略中的分析提问法，帮助幼儿理清了本次活动的主要目标，激发幼儿主动探究和尝试，自主解决问题，引导幼儿寻找不同章节中潘冬子情绪、表情、动作、神态的变化，提高幼儿分析能力及自主解决问题能力，逐步优化幼儿的学习内容和方法。

（三）游戏三：欢迎加入我们的表演！

1. 联动中，升级表演道具

通过区域联动的方式，图书区为表演区幼儿梳理书中的细节，便于表演区幼儿扮演，和更加细致地表演；科学区为表演区幼儿改进了纺线车，道具更加真实，表演效果更加精彩。

 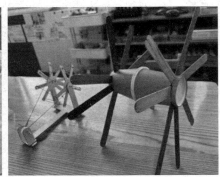

梳理书中细节　　　　　　　　　　改进纺线车

看见学习：在区域联动的过程中，幼儿能与其他区幼儿共同提出问题，联合其他区幼儿探究拓展表演游戏，共同优化道具，从而角色细节更加丰富，情节更加完善，道具更加真实，通过区域联动的方式体现出深度学习特征"主动与探究"，分别使科学区、表演区、图书区活动逐步深入。

支持策略：在升级表演道具的过程中，教师使用主线贯穿策略中的脉络法，将幼儿的学习内容和方法梳理成了脉络，始终贯穿于整个深度学习的过程中，促进幼儿基于现有的经验对新经验进行理解和批判，发展了幼儿持续探究、小组合作、主动学习等能力。

2.联动中，增加角色互动

小美："电影中红军来了之后贫苦农民终于过上了好日子，他们用跳舞的方式庆祝，咱们能不能在表演中也加入舞蹈呢？"

小雅："我觉得可以，这样演出还能更加精彩呢。"

一一："庆祝胜利书中写的是群众敲锣打鼓，咱们也带点乐器吧，敲个锣、打个鼓什么的。"

教师："这真是个好办法，更加还原了书中的情节。"

通过排练，表演区戏剧《闪闪的红星》正式上映，表演区幼儿通过售卖电影票的形式，邀请同伴进行观影。电影票上呈现将表演的内容与时间，以折纸比赛的方式确定每天谁来观看演出。

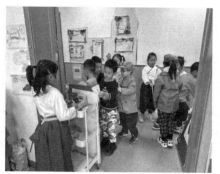

戏剧表演正式上映　　　　　　　　邀请同伴观影

看见学习：在商量如何才能让表演更精彩的问题时，幼儿联想到真实生活中看电影的情节。通过同伴间的分析，幼儿采用模拟表演剧场的形式，创设表演剧场"孩子剧团"，以售票、检票、指引等方式邀请同伴进行真实的观影体验，并在观影后听一听同伴对于自己表演中的意见与建议，不断优化内容，体现深度学习中"联系与建构"的特征。

支持策略：通过开设剧场活动，在商量购票的过程中，教师使用活动观察策略中的参与法，充当顾客的角色，提出一些需求，引导幼儿售票、检票、指引，丰富幼儿的游戏体验，从而提升幼儿大胆表达、敢于创新、分析思考、联系与建构、优化方法等能力。

三、收获时刻

（一）幼儿的成长

在制订表演计划后，表演区"孩子剧团"游戏的开展经历了不同的阶段。首先，在阅读图书时能理解细节并评价图画书中人物的特征，判断主要人物的人格特质、道德品质，并说出自己的理由，发展了幼儿沟通、合作和表演的能力；在表演前，幼儿细致观察画面中主要人物的状态、动作、表情、姿态，理解作品的含义，用表情、动作体会角色的情绪情感；在表演过程中，能与同伴分工合作共同完成表演计划，遇到困难互相帮助。整个游戏过程，幼儿表现积极主动、认真专注，为以后的新活动积累宝贵经验。

（二）教师的感悟

1. 读内容，了解故事情节

在阅读《闪闪的红星》绘本过程中，幼儿通过读画面知道了书中的角色及不同场景；观察到人物在不同场景中的动作、表情、姿态。通过读文字了解了故事的大概内容，并将故事的不同情景分为六幕，了解到故事处在抗日战争时期，感受到当时环境的艰难与困苦，从而更深地理解故事。

2. 思情节，理解共情角色

通过分析、讨论不同情景中角色做的事情以及原因，幼儿了解了冬子是聪明的、坚强的，冬子的妈妈是正直、有正义感的，再借助思维地图的方式将观察到的人物的不同动作、表情，进行表征，幼儿深刻地了解到：冬子运盐的过程中，是勇敢、机智的。在持续的思考中，幼儿理解到了故事中红星代表的精神。

3. 论角色，提出道具需求

幼儿利用录音笔的形式记录下自己讲述的篇章，并将自己记录的人物特点拿到表演区，与表演区幼儿共同讨论。在表演区，幼儿一起商讨《闪闪的红星》剧本，并用书中的语言进行戏剧表演，在排练的过程中尝试用表情、动作、情绪等多种表达方式，表现角色。在彩排后还寻求科学区幼儿的帮助制作表演道具，以及寻求班中幼儿帮助，集体绘制了六幕场景。

4. 做道具，丰富表演情节

幼儿利用纸杯、冰棍杆等材料制作更大、更真实的纺线车道具，并在制作的过程中拿到表演区请表演区幼儿尝试使用。结合表演区幼儿在使用中提出的建议，合理优化表演道具的大小、细节以及操作方式等，最终用废旧物材料制作了大小合适、更加真实并且更好操作的纺线车道具用于戏剧表演。

5. 展表演，增强爱国主义精神

幼儿通过创设表演剧场"孩子剧团"邀请同伴进行观影，幼儿根据不同场景划分六幕进行演绎。在演绎的过程中通过静悄悄的小碎步与时刻皱着眉头盯着手表上慢慢移动的秒针演绎传递情报时的紧张，最后图书区的幼儿还当起了小导演，帮助表演区的幼儿更细致地梳理故事、分析角色，开始更完善、细致的表演。

戏剧表演通过不同形式将故事呈现出来，不仅丰富了故事的呈现多样性，而且还提高了故事的深度。在表演中孩子们开始对于美有了自己的感受，在表演冬子妈妈牺牲的桥段时，冬子哭着的样子是感人的，是心疼的。"将绘本剧表演融入生活"是一个漫长而艰辛的过程，却也是一个非常有意义、有价值的过程，孩子们在戏剧的演出中更自信、更阳光了。

四、游戏脉络图

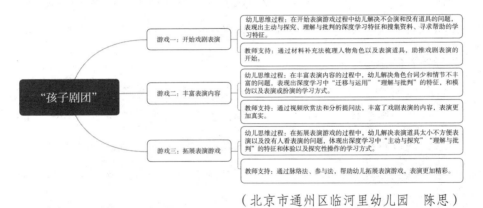

（北京市通州区临河里幼儿园　陈思）